Hanspeter Ruch
Staunen

Verlag Via Nova

Hanspeter Ruch

STAUNEN

Eine Quelle für Ruhe, Stille,
Gelassenheit und Lebensfreude

Verlag Via Nova

1. Auflage 2017

Verlag Via Nova, Alte Landstr. 12, 36100 Petersberg

Telefon: (06 61) 6 29 73

Fax: (06 61) 96 79 560

E-Mail: info@verlag-vianova.de

Internet: www.verlag-vianova.de

Umschlaggestaltung: Guter Punkt, München

Satz: Sebastian Carl, Amerang

Druck und Verarbeitung: C.H. Beck, 86720 Nördlingen

ISBN 978-3-86616-401-7

INHALT

EINLEITUNG

~

Wir verfügen über ein breit abgestütztes intellektuelles Verständnis und können zu den meisten Fragen passende Antworten geben. Wir sind in der Lage, das Funktionieren komplexer Systeme zu erklären, und fähig, technisch hochstehende Maschinen zu bedienen. Wenn es um essentielle Themen geht, wie die Grundlage des Lebens, das Bewusstsein, das Glück, den Frieden oder die Liebe, werden wir verlegen und unsicher. Uns ist bewusst, dass diese Themen von zentraler Bedeutung sind, doch haben wir uns nie wirklich mit ihnen befasst. Wir stützen unser Leben auf eine Grundlage, die im Laufe der Jahre entstanden ist, und halten uns an Überzeugungen und Theorien, die wir übernommen haben. Ob diese uns helfen, den Alltag zu meistern und glücklich zu sein, wissen wir nicht. Wir haben es nie überprüft. Wir ahnen, dass mehr möglich wäre, als wir leben, und wir befürchten, dass wir etwas Wichtiges übersehen.

Was aber sehen und leben wir nicht? Das, worum es hier geht, ist nichts Abgehobenes, nichts Exotisches, nichts Romantisches und nichts Mystisches. Es ist so einfach, so naheliegend, so grundlegend und so natürlich, dass wir, eingespannt und beschäftigt, wie wir sind, es übersehen. Es ist die Quelle des Lebens, die Essenz des Seins - das Herz. Für das Herz, unsere wahre Heimat, und dessen Energie, die Liebe, müssen wir nichts tun und nichts leisten. Es ist immer mit uns. Es begleitet uns auf Schritt und Tritt. Es lässt uns nie im Stich. Es ist der treuste Freund und verlässlichste Begleiter, den wir haben. Weshalb wissen wir nichts davon? Weshalb nehmen wir dies nicht wahr? Weshalb leben wir getrennt von der inneren Quelle? Weshalb nutzen wir dessen Energie nicht?

Dass wir dies nicht wissen, nichts davon wahrnehmen und dessen Energie nicht nutzen, hat mit unserer Sicht- und Lebensweise zu tun. Wir sehen das Naheliegende und Offensichtliche nicht. Wir sind blind für das Wesentliche und Grundlegende. Wir halten uns an das Unbeständige und Vergängliche. Wir befassen uns mit Nebensächlichkeiten und Banalitäten. Wir haben gelernt, gut zu funktionieren, und aufgehört zu sein. Wir hören auf den denkenden Geist, die Instanz, die ständig spricht, alles kommentiert und uns nonstop auf Trab hält, und nicht auf die Weisheit der inneren Quelle, das Herz. Damit beschäftigt, Aufgaben zu erledigen und Probleme zu lösen, eilen wir durchs Leben. Obwohl wir nicht wirklich zufrieden sind und uns immer wieder unglücklich fühlen, machen wir immer weiter, getrieben von der Hoffnung, dass in der Zukunft alles einmal besser werden wird.

Auch unser Alltag ist geprägt von dieser Sicht- und Lebensweise: Was wir wahrnehmen und sehen, ist nicht das, was wirklich ist. Was wir wahrnehmen und sehen, sind die

Projektionen des denkenden Geistes, die dieser als Bilder und Konzepte nach außen trägt. Da der denkende Geist wild und unruhig ist, sind seine Projektionen auch wild und unruhig und unser Alltag, der ein Abbild davon ist, ebenfalls. Aus der Überzeugung heraus, das, was wir wahrnehmen und sehen, sei real und die Schwierigkeiten, denen wir tagaus, tagein begegnen, hätten mit äußeren Ursachen wie dem Beruf, der Umgebung, dem Wetter, der Arbeit oder dem Partner zu tun, werden wir aktiv und greifen ein. Obwohl wir alles vor und zurück analysieren und unser Leben immer wieder umkrempeln, geht es uns nicht besser und wir fühlen uns auch nicht glücklicher. Die Schwierigkeiten werden nicht weniger. Die Dramen hören nicht auf.

Das Gegenteil ist der Fall: Das viele Grübeln, ständige Bewerten und das damit einhergehende Eingreifen und Festhalten behindern das Bewusstsein. Es führt zu Störungen und Spannungen. Der Kopf ist übervoll und die Sicht trüb. In uns ist es eng. Die Welt, die uns umgibt, ist klein. Das Leben, das eigentlich einfach und klar ist, wird kompliziert und anstrengend. Die Unbeschwertheit und Leichtigkeit, die uns einmal beflügelten und dem Dasein etwas Spielerisches und Humorvolles gaben, haben wir längst verloren. An ihre Stelle sind Sorgen und Befürchtungen getreten. Sie machen uns schwerfällig und unbeweglich. Manchmal befällt uns das ungute Gefühl, heimatlos zu sein und nicht wirklich zu leben. Dass mit unsere Lebensweise etwas nicht stimmt, diese viel Kraft und Energie kostet und uns schwächt, bekommen wir immer wieder hautnah zu spüren.

Was aber können wir tun, um gelassen zu sein und weise zu leben? Worauf müssen wir uns abstützen, auf was vertrauen? Wie müssen wir vorgehen und was braucht es dazu? Die Antwort ist einfach und anspruchsvoll zugleich: das, woran wir festhalten und zu sein glauben, loslassen und den Mut haben, über das Leben zu staunen. Das Staunen ist so einfach. Es ist das Natürlichste und Naheliegendste. Es entspricht dem grundlegenden Wesen des Bewusstseins und bringt dieses zum Ausdruck. Es ist schwierig, weil wir jahraus, jahrein das genaue Gegenteil getan haben, nämlich analysieren, festhalten und absichern.

Wie kraftvoll und befreiend das Staunen ist, erleben wir, wenn wir es tun. Wenn wir staunen, hören wir auf, einzugreifen und festzuhalten. Wir lassen los und entspannen uns, ohne etwas zu tun. Das Bewusstsein wird nicht mehr gestört. Es kann sich frei bewegen und ungehindert ausdehnen. Der denkende Geist steht nicht mehr im Zentrum. Er verliert an Macht und Einfluss. Die Sorgen und Befürchtungen treten in den Hintergrund. Die Dramen und Verstrickungen lassen nach. Der Lebensraum, der voll und klein war, leert sich. Er wird offen und weit. Im Kopf sind wir frei. Die Sicht ist klar. Ruhe und Stille kehren ein. Nur die Gegenwart existiert. Wenn wir staunen, und dies ist so berührend und so überwältigend, tritt die innere Quelle, das Herz, das im Dunkeln lag, hervor. Sie strahlt aus voller Kraft und vertreibt alles Dunkle. Augenblicklich erkennen wir, dass es unser Zuhause und unsere Bestimmung ist. Das Leben, das kurz zuvor noch beschwerlich und anstrengend war, ist plötzlich ganz einfach und leicht.

Das Buch setzt sich aus verschiedenen Teilen zusammen. Es enthält Geschichten von Betroffenen, theoretische Erläuterungen, Denkanstöße, Übungen und meine eigenen Erfahrungen. Die Denkanstöße und Übungen sind wichtig. Da es bei diesen ums Erkennen und Erfahren geht, sind sie in der Du-Anrede formuliert. Sie tragen zu einem ganzheitlichen Wissen vom Wesen des Bewusstseins bei, führen zu einer soliden Grundlage und festigen die neue Lebensweise. Auf das Staunen bezogen und durch seine kraftvolle Ausstrahlung unterstützt, erfährt das Dasein einen sanften Wandel: weg von der Übermacht und Schwere des denkenden Geistes hin zur Leichtigkeit und Frische des Seins. Wenn wir uns vertrauensvoll an die innere Quelle, das Herz, halten und dessen Energie im Alltag nutzen, gelingt es uns, gelassen zu sein und weise zu leben. Gerade in der heutigen Zeit, wo das Dunkle und Schwere zunehmen, die Welt voller Konfliktherde und Krisen ist, ist es wichtig, dass wir mit uns im Frieden sind und das Licht der Liebe, das in unserem Herzen leuchtet, in die Welt hinaustragen.

1.

EIGENTLICH IST ALLES GANZ EINFACH

„Man sieht nur mit dem Herzen gut.
Das Wesentliche ist für das Auge unsichtbar."
ANTOINE DE SAINT-EXUPÉRY

*Klein-Robin spielt vergnügt und ausgelassen im Garten.
Er freut sich an dem, was er vorfindet und die Natur ihm
bietet. Steine, Blätter, Papier, Dreck, Blumen, Schnecken,
alles ist spannend und alles ist faszinierend. Jeder Gegenstand ist wertvoll und einmalig. Jeder Gegenstand erfüllt
Robin mit Freude und versetzt ihn in Staunen. Für ihn gibt
es nur die Gegenwart und die Wirklichkeit, wie sie ist. Sorgen und Befürchtungen hat er nicht. Die Vergangenheit und
die Zukunft existieren nicht. Begriffe wie gut und schlecht,
schön und hässlich, wichtig und unwichtig kennt er nicht.
Für Klein-Robin, der die Welt mit offenen Augen wahrnimmt
und über das Leben staunt, ist alles einfach und leicht.*

*Der Weise tut, was getan werden muss und das Leben mit
ihm vorhat. Er geht seiner Arbeit nach, macht Einkäufe,
kümmert sich um den Haushalt, mäht den Rasen, sorgt für*

die Familie, besucht Freunde und trinkt eine Tasse Tee.
Wenn etwas gesagt werden muss, spricht er. Wenn es nichts
zu sagen gibt, schweigt er. Er ruht in der Stille des Herzens
und folgt dem natürlichen Rhythmus des Seins. Er ist erfüllt
von Frieden und Glück. Befürchtungen und Dramen kennt
er nicht. Die Vergangenheit und Zukunft existieren nicht.
Für ihn, der innerlich frei und ungebunden ist, gibt es nur
die Gegenwart und die Wirklichkeit, wie sie ist. Auch für
den Weisen ist alles einfach und leicht.

Dass das Leben einfach und leicht sein kann, wissen wir
und haben wir alle erfahren. Dies waren jene unbeschreib-
lichen Momente, wo wir nichts mussten und einfach waren.
Das Leben floss und die Dinge geschahen von selber. Wir
waren unbeschwert und fühlten uns frei. Wir staunten und
konnten unser Glück kaum fassen. Solche Augenblicke sind
wunderschön und berühren uns zutiefst. Sie sind Ausdruck
der Wahrheit, die wir in uns tragen, und lassen uns die Energie und Ausstrahlung des Herzens direkt spüren.

Für uns Erwachsene sind sie jedoch seltene Ausnahmen, die
mit unserer alltäglichen Realität, so wie wir gelernt haben
zu leben, nichts gemein haben. Deshalb können wir die Aussage, dass alles einfach und leicht sein soll, weder annehmen noch stehen lassen. „Nein, nein! Das stimmt überhaupt
nicht. Das ist absoluter Blödsinn", tönt es in unserem Kopf.
„Es wäre schön, doch das Leben", so argumentieren wir,
„lehrt uns jeden Tag von neuem das genaue Gegenteil. Wir
haben uns zu bemühen und anzustrengen. Es ist häufig
schwierig und mühsam. Wir müssen uns zusammennehmen

und durchbeißen, sonst geht überhaupt nichts. Zu sagen, alles sei einfach und leicht, ist reines Wunschdenken, ist blinde Träumerei. Es entspricht in keiner Weise dem, was wir tagaus, tagein erfahren und unsere Realität ist."

Angenommen aber, die Aussage stimmt und entspricht der Wahrheit. Angenommen, das Leben ist grundsätzlich einfach und leicht. Was dann? Was würde dies für unsere Art zu leben, für unsere Beziehungen, für die Gesundheit, die Gesellschaft und die Welt als Ganzes bedeuten? Wenn wir ein kleines Kind oder einen Weisen dazu befragen, bejahen sie diese Aussage, ohne zu zögern. Für sie ist alles einfach und leicht. Für sie gibt es nur die Gegenwart. Für sie existiert nur die Wirklichkeit, wie sie ist. Weshalb ist es für sie anders? Was macht den Unterschied aus? Was ist bei kleinen Kindern und Weisen gleich? Liegt es daran, dass kleine Kinder unreif und unerfahren sind und deshalb nicht mitreden können? Oder liegt es an etwas anderem? Und wie ist es bei den Weisen? Leben diese in einer Traumwelt? Machen sich diese etwas vor? Entziehen sich diese der Alltagsrealität und weigern sich, Verantwortung zu übernehmen?

Haben Sie sich auch schon gefragt, ab wann das Leben anstrengend, verwirrend und kompliziert geworden ist? Für die meisten von uns geschah dies im Alter zwischen zwanzig und dreißig Jahren. Kaum spürbar trat in dieser Zeit in unserem Befinden eine Veränderung ein. Diese Veränderung geschah nicht über Nacht. Diese Veränderung schritt langsam, aber stetig voran. Der Kopf wurde voller und voller, der Lebensraum kleiner und enger, die Welt dunkler und kälter. Die Träume und Visionen, die wir einmal hatten und uns beflügelten, gingen verloren. Das Verspielte und Humorvolle, welches das Dasein bereicherte, verschwand. Wir wurden vernünftig und nachdenklich, schwer und ernst. Nicht mehr die Gegenwart, die Unbeschwertheit und die Freude am Leben stehen im Zentrum, sondern die Aufgaben und Pflichten, die Sorgen und Probleme, der Stress und der Zeitdruck, die Absicherung der eigenen Existenz und das Festhalten an Gewohnheiten.

Wenn uns jemand sagt, alles sei einfach und leicht, schütteln wir verständnislos den Kopf. Wir reagieren ungehalten oder gar verärgert und tun dies lautstark kund: „Wer so etwas sagt, versteht überhaupt nichts vom Leben. Wer so etwas sagt, ist naiv und dumm. Wer so etwas sagt, ist blind und überheblich."

1. Erkenntnis:
Grundsätzlich ist das Leben
einfach und leicht.

Ob dies uns gefällt oder nicht, wir es annehmen können oder nicht, es entspricht der Wahrheit: Das Leben ist in seinem Grunde einfach und leicht. Dies hat damit zu tun, dass das Leben Bewusstsein ist. Und Bewusstsein ist Energie oder das Pulsieren des Seins. Zwei seiner Merkmale sind Leichtigkeit und Einfachheit. Die Frage, die sich stellt, ist, wann dies so ist. Dies ist immer dann der Fall, wenn wir staunen. Dann halten wir an nichts fest und sind im Kopf frei. Wir ruhen im Herzen und die Energie der inneren Quelle fließt. Das Leben ist einfach und leicht. Wir sind unbeschwert und erfüllt. Wir fühlen uns frei und glücklich. Es gibt weder Befürchtungen oder Sorgen, die uns belasten, noch Verstrickungen oder Dramen, die das Dasein schwer machen. Nur die Gegenwart und die Wirklichkeit, wie sie ist, existieren. Wir freuen uns am Leben, das reich und voll ist und uns immer wieder von Neuem überrascht und in Staunen versetzt. Die Kinder und Weisen wissen dies und leben entsprechend. Wir dagegen haben dies längst vergessen. Wir leben alles, nur nicht das, was wir in uns tragen und was wir sind.

Denkanstöße:

Angenommen, das Leben ist einfach und leicht. Was würde dies für dich, deine Art zu leben, deine Beziehungen, deinen Beruf, deine Gesundheit und deine Welt bedeuten? Erinnerst du dich an Zeiten, als dies so war? Erinnerst du dich an Zeiten, in denen alles einfach und leicht war und du Träume und Visionen hattest? Wo sind die Einfachheit und Leichtigkeit hin? Was ist aus diesen Träumen und Visionen geworden?

Meine Erfahrungen

Dass das Leben grundsätzlich einfach und leicht ist, war für mich als Kind logisch und selbstverständlich. Ich stellte es nie in Frage. Etwas in mir wusste dies immer. Etwas in mir war immer einfach und leicht. Von der Welt um mich herum, die voll Energie war und pulsierte, ging eine große Ausstrahlung aus. Ich war fasziniert von dem, was ich vorfand und was mir begegnete. Alles war spannend, alles war interessant und alles versetzte mich in Staunen. Dass das Leben anstrengend und mühsam ist, bekam ich von den Erwachsenen oft zu hören. Obwohl ich mit dem Kopf verstand, was damit gemeint war, hatte diese Aussage für mich etwas seltsam Fremdes und Unnatürliches an sich. Es entsprach in keiner Weise meiner inneren Wahrheit. Nicht, dass ich keine Probleme hatte und es keine Schwierigkeiten gab, überhaupt nicht. Doch das, was ich in mir spürte, war größer und umfassender als alles andere. Das, was in mir strahlte, ließ die Probleme und Schwierigkeiten klein und unbedeutend erscheinen und mich das Einfache und Leichte im Leben sehen.

Eigene Erfahrungen

2.

DIE VERLORENE LEICHTIGKEIT

„Ich denke, dass der Sinn des Lebens
darin besteht, glücklich zu sein."

S. H. DER DALAI LAMA

Alois ist verheiratet und Vater zweier erwachsener Töchter. Seit die Kinder von zu Hause ausgezogen sind, ist seine Frau wieder berufstätig. Sie ist gelernte Drogistin und hat eine Teilzeitstelle bei einer Apotheke. Alois ist Versicherungsfachmann. Eigentlich wollte er Geschichte studieren und als Mittelschullehrer arbeiten, doch er schaffte die Aufnahmeprüfung ans Gymnasium nicht. Er entschied sich, eine kaufmännische Lehre zu machen, und war fünf Jahre in einer Bank tätig. Da er sich verändern und beruflich weiterkommen wollte, bildete er sich zum Versicherungsfachmann aus. Heute leitet er eine kleine Agentur mit vier Mitarbeitenden.

Alois führt ein ruhiges, beschauliches Leben. Stress und Hektik mag er gar nicht. Sie schlagen ihm auf den Magen und bringen seinen Schlaf durcheinander. Alois, der gerne

23

isst, berufsbedingt viel sitzt und sich wenig bewegt, muss auf das Gewicht achten. Als Junge war er schlank und rank und kerngesund. Er war aktiv und spielte in einem Verein Fußball. Mitte zwanzig traten Knieprobleme auf, die ihn zwangen, mit dem Fußballspielen aufzuhören. Er trieb kaum noch Sport, begann zu rauchen und nahm zu. Das Rauchen und vor allem die Gewichtszunahme beeinträchtigten seine Gesundheit. Alois bekam Rückenschmerzen und musste den Hausarzt aufsuchen. Dieser redete ihm ins Gewissen. Er riet ihm dringend, abzunehmen, das Rauchen aufzugeben, und schickte ihn in die Physiotherapie. Die physiotherapeutische Behandlung tat ihm gut und zeigte positive Wirkung. Die Rückenschmerzen gingen zurück und schon bald war er beschwerdefrei.

Große Schwierigkeiten bereitete ihm das Abnehmen und mit dem Rauchen aufzuhören. Alois haderte und kämpfte lange mit sich und seiner Sucht. Immer wieder nahm er einen Anlauf, immer wieder scheiterte er. Als er mit einer Grippe im Bett lag, konnte er weder rauchen noch essen. Dieses Erlebnis gab den Ausschlag und war der Wendepunkt. Unterstützt durch seine fürsorgliche Frau schaffte es Alois schließlich, das Rauchen aufzugeben, und er begann auch, auf das Essen zu achten. Um sich regelmäßig zu bewegen und seine Gesundheit zu fördern, geht er seit rund zehn Jahren einmal in der Woche eher widerwillig ins Fitnessstudio.

Alois hat eine große Leidenschaft: Er hört gerne klassische Musik. Jahrelang hat er Platten und CDs gekauft und besitzt eine große Musiksammlung. Alois genießt es, im

Sofa zu sitzen, ein Glas Rotwein zu trinken, Mozart oder Beethoven zu hören und sich von der Musik davontragen zu lassen. Mit seiner Frau, die als Kind Violine spielte, besucht er regelmäßig klassische Konzerte. Lange im Voraus freut er sich auf die musikalischen Abende. Wenn das Orchester spielt und die Klänge den Raum erfüllen, geht es ihm gut. Er ist unbeschwert und fühlt sich glücklich. Den Stress und die Sorgen, die der Alltag mit sich bringt, kann er loslassen und alles Unangenehme und Mühsame vergessen.

An einem warmen Sonntagmorgen begleitete Alois nach dem Mittagessen die Enkelkinder, die zu Besuch waren, zum nahegelegenen Spielplatz. Während diese herumrannten und vergnügt im Sandkasten spielten, setzte er sich auf eine Bank und schaute ihnen zu. Obwohl es ihm an nichts mangelte und er sich freute, mit den Enkelkindern zusammen zu sein, fühlte er sich plötzlich seltsam unwohl. Je länger er auf der Bank saß, desto stärker nahm er eine Schwere wahr, die auf ihn drückte und ihn beengte. Alois war verwirrt und aufgewühlt. Er konnte nicht begreifen, was mit ihm geschah und was das Ganze zu bedeuten hatte. In seinem Kopf drehte sich alles. Er fragte sich, was mit ihm los ist, was die Gründe für seinen Zustand sind und ob er depressiv sei. Wie sehr er auch überlegte und analysierte, er fand weder eine Ursache noch ein Ereignis, die er mit seinem angespannten Zustand in Verbindung bringen konnte. Die Situation, und dies machte ihm zusätzlich zu schaffen, hatte etwas Tragisches an sich: Auf der einen Seite waren die Kinder, die ausgelassen und vergnügt spielten, sich am

Leben freuten und glücklich waren. Auf der anderen Seite war er, ein erwachsener, reifer Mann, der sich schwer fühlte, durcheinander war und sich und die Welt nicht mehr verstand.

Während Alois angestrengt versuchte, dem Erlebten einen Sinn zu geben und das Ganze einzuordnen, entdeckte er plötzlich einen Falken am Himmel, der lautlos durch die Lüfte schwebte und in aller Ruhe seine Kreise drehte. Alois war fasziniert und konnte den Blick nicht mehr von dem Vogel abwenden. Während er gebannt in den Himmel schaute und dem Vogel staunend folgte, vergaß er die Welt um sich herum. Er begann sich zu entspannen und wurde ruhig. Alles Schwere und alles Beengende, alle Sorgen und alle Befürchtungen, die er kurz zuvor noch spürte, verschwanden. „Frei wie ein Vogel müsste man sein und unbeschwert leben wie Kinder", hörte er sich nach einer Weile selber sagen.

Als Alois realisierte, wo er sich befand und was ihm gerade durch den Kopf ging, erschrak er. Seine Situation kam ihm lächerlich, ja absurd vor. „Frei wie ein Vogel und unbeschwert wie Kinder", hallte es in seinem Kopf. „Kindisch und lächerlich, so etwas überhaupt nur zu denken", sagte er zu sich. Es machte ihm beinahe Angst, dass er als erwachsener Mann, verantwortungsbewusster Leiter einer Agentur und besonnener Großvater auf einer Bank in einem Spielplatz solche Gedanken hatte. Verlegen und beschämt schaute Alois um sich. Er war froh und erleichtert, dass niemand in seiner Umgebung etwas von seinem Zustand bemerkte. Er schwor, niemandem, nicht einmal seiner Frau, etwas davon zu erzählen.

Alois, der wichtige Projekte abschließen und viel arbeiten musste, vergaß das Erlebte schnell. Zwei Wochen waren vergangen, als er mitten in der Nacht aufwachte. Hellwach lag er im Bett. Was war geschehen? Er hatte vom Falken und den unbeschwerten Kindern geträumt und sich dabei leicht und unbeschwert gefühlt. Alois war aufgewühlt und verwirrt. Dass er davon träumen würde, damit hatte er in keiner Weise gerechnet. Er drehte sich auf die Seite und schloss die Augen. Er versuchte, nicht mehr an den Traum und die Bilder zu denken und schnellstmöglich einzuschlafen. Doch es ging nicht. Etwas ließ ihn einfach nicht los. Etwas hielt fest. Alle Bemühungen, zu entspannen und einzuschlafen, schlugen fehl. Lange lag Alois wach. In seinem Kopf drehte es. Die Traumbilder kamen immer wieder zurück. Angestrengt versuchte er zu verstehen, was der Traum zu bedeuten hatte, bekam jedoch keine Antwort. Erst gegen Morgen schlief er ein.

In den Tagen danach musste er immer wieder an den Traum denken. Jedes Mal, wenn er dies tat, fühlte er sich leicht und unbeschwert und spürte ein warmes Gefühl in seinem Herzen. Eines Abends, es war ein langer, anstrengender Arbeitstag gewesen und die anderen Mitarbeitenden waren längst gegangen, saß Alois an seinem Schreibtisch auf der Agentur und arbeitete. Er war umgeben von Schränken, gefüllt mit Ordnern und Bergen von Papier. Vor ihm lagen Verträge, die dringend überprüft und angepasst werden sollten. Plötzlich hielt Alois inne. Er schaute um sich und erschrak. „Ich muss...", „ Ich sollte...", .Ich habe zu...", „Es ist wichtig, dass...", „Schnell noch dies...", und „Schnell dann noch das...", tönte es in seinem Kopf. Ihm wurde beinahe schwindlig. Alois realisierte, wie kompliziert und anstrengend sein Leben gerade war. Er fühlte sich elend. Er spürte einen Druck auf der Brust und hatte im Magen ein flaues Gefühl.

Alois stand auf. Schweren Schrittes ging er zum Fenster. Er öffnete es und atmete die frische Kühle der Abenddämmerung ein. Lange stand er regungslos am Fenster und schaute wie benommen hinaus. Nach einer Weile, die ihm wie eine Ewigkeit vorkam, ging es ihm besser. Er schloss das Fenster und setzte sich wieder auf den Bürostuhl. Arbeiten konnte er nicht mehr. Dazu war er nicht mehr in der Lage. Seine Situation kam ihm unwirklich und absurd vor. Er fragte sich, was er den ganzen Tag eigentlich mache und was aus seinem Leben geworden war. Er sah die vergnügten Kinder vor sich und fragte sich, wo seine Lebensfreude und seine Leichtigkeit hingekommen sind.

Statt einen Schnaps zu trinken oder etwas Essbares in sich hineinzustopfen, was er meistens tat, wenn er angespannt und im Stress war, löschte er die Lichter und schloss das Büro ab. Er ließ das Auto stehen und fuhr mit dem Bus nach Hause. Unterwegs stieg er aus und ging den Teil der Strecke, der durch ein ruhiges Quartier führt, zu Fuß. Das Laufen und Draußensein taten ihm gut. Während Alois gemächlich durch die Abenddämmerung schritt, entspannte

*er sich und wurde ruhig. Immer wieder wanderte sein Blick
zum Himmel, wo er mehr und mehr Sterne entdeckte, die
hell funkelten. Alois blieb stehen. Gebannt schaute er hin-
auf und staunte. Er war unbeschwert und fühlte sich glücklich. In seinem Herzen war ein warmes Gefühl. Er war
von Demut erfüllt und spürte eine große Dankbarkeit dem
Leben gegenüber. Dieses Mal schämte er sich nicht für das
Erlebte. Dieses Mal freute er sich. Er hatte etwas Lebendi-
ges und Kostbares wiedergefunden, das er glaubte verloren
zu haben.*

*Als er eine halbe Stunde später zu Hause ankam, war er
in einer gelösten, heiteren Stimmung. Er lachte und war
fröhlich. Seine Frau war verwundert und leicht irritiert.
So hatte sie ihn noch nie erlebt nach einem langen, stren-
gen Arbeitstag. Meistens war er müde und leicht mürrisch,
wenn er nach Hause kam. Er sprach wenig, wollte in Ruhe
gelassen werden, verbarg sich in der Tageszeitung oder
setzte sich vor den Fernseher und zappte umher. Seine Frau
fragte ihn, ob er etwas getrunken habe, was er verneinte.
Während sie am Tisch saßen und gemeinsam das Abendessen einnahmen, erzählte er ihr ausführlich und voller
Begeisterung, was er auf dem Nachhauseweg erlebt und
entdeckt hatte. Seine Frau freute sich für ihn, hatte aber
Mühe zu verstehen, was genau mit ihm geschehen war und
was ihn so tief berührt hatte.*

UNSER LEBEN:
STRESSIG, BESCHWERLICH, KOMPLIZIERT

Eingespannt in einen engen Zeitplan eilen wir durch den Tag. Wir sind ständig mit etwas beschäftigt und immer an etwas dran. Wenn wir eine Sache abgeschlossen haben, taucht bereits die nächste auf. Wenn wir ein Ziel erreicht haben, erwartet uns bereits ein neues. Unsere Tage sind voll und lang, unsere Nächte kurz und unruhig. Der Druck ist groß und der Stress allgegenwärtig. Zeit haben wir immer zu wenig. Pausen machen wir nicht. Momente der Stille gibt es in unserem Alltag nicht. So geht es von morgens früh bis abends spät, von Montag bis Sonntag, Woche um Woche, Monat für Monat, Jahr um Jahr.

Dabei dreht sich das geistige Karussell nonstop. Unser Kopf ist übervoll. Die Gedanken springen vor und zurück, rauf und runter, hin und her. Oft sind sie irr und wirr und kaum zu bremsen. Wir haben Mühe, uns zu konzentrieren und mit der Aufmerksamkeit bei einer Sache zu sein. Störungen und Probleme mögen wir überhaupt nicht. Sie hindern uns daran, unsere Ziele zu erreichen, und werfen uns leicht aus der Bahn.

Was immer wir tun und machen, es ist nie wirklich gut und nie genug. Das Leben sollte anders, besser, schöner, erfüllter sein. Wir sollten einen interessanteren Job, mehr Geld, einen liebevolleren Partner, eine liebevollere Partnerin, folgsamere Kinder, eine größere Wohnung, ein schnelleres Auto und mehr Ferien haben. Wir sollten mehr respektiert, mehr beachtet, mehr gelobt und mehr geliebt werden. Auch der Ort, an dem wir leben, ist nicht ideal. Es ist zu laut, zu dunkel, zu kalt oder zu einsam. Das Leben, das wir führen, ist weder einfach noch leicht, weder erfüllend noch befriedigend. Es ist beschwerlich und kompliziert, mühevoll und kräftezehrend.

Das Leben selber ist nicht das Problem oder schuld an unserem angespannten Zustand. Das Problem ist unsere Lebensweise. Sie ist dafür verantwortlich, dass wir nie zufrieden sind und uns unglücklich fühlen. Sie treibt uns an und lässt uns nicht zur Ruhe kommen. Sie verursacht Spannungen und Probleme, die kein Ende nehmen. Sie macht uns körperlich müde und führt in die geistige Erschöpfung. Sie hindert uns daran, zu sein, den Augenblick zu genießen und über die Welt zu staunen. Obwohl wir immer wieder spüren, dass mit unserer Lebensweise etwas nicht stimmen kann und uns etwas Grundlegendes fehlt, halten wir fest und machen wir weiter wie eh und je. Wir kennen nichts anderes. Wir haben uns an ein beschwerliches und kompliziertes Leben gewöhnt. Für uns ist es zur vertrauten Alltagswirklichkeit geworden, mit der wir uns arrangiert haben und die wir nicht in Frage stellen.

2. Erkenntnis:
Das Leben, das wir führen,
ist beschwerlich und kompliziert.

Dass es anders sein kann, dass es ein leichtes und unkompliziertes Leben gibt, wissen wir. Wir erfahren dies, wenn wir Ferien haben und nichts müssen. Wir sitzen in einem bequemen Liegestuhl im Schatten eines Sonnenschirmes am Meer und lesen ein spannendes Buch. Immer wieder halten wir inne. Wir blicken hinaus zum endlosen Horizont, der sich vor unseren Augen erstreckt und uns magisch anzieht. Manchmal ziehen Wolken vorüber oder fährt ein Schiff vorbei. Wir schauen und staunen. Wir fühlen uns leicht und glücklich. Wir befinden uns auf einer Wanderung und ruhen uns nach einem Aufstieg auf einer saftigen Wiese, übersät mit farbigen Blumen, aus. Wir trinken etwas und essen eine Kleinigkeit. Unser Blick schweift in die Ferne, zum grenzenlosen Bergpanorama, das sich vor unseren Augen ausbreitet. Wir sind einfach und tun nichts. Wir schauen und staunen. Wir sind gelöst und heiter. Wir lachen und fühlen uns unbeschwert. Im Kopf sind wir frei. Der Alltag mit all seinen Sorgen und Problemen, Ängsten und Nöten existiert nur als bedeutungslose Erinnerung. In solchen Momenten erfahren wir ein anderes Leben. In solchen Momenten wird uns bewusst, dass das Leben einfach und leicht sein kann.

Doch, so unser Einwand, sind Ferien spezielle Situationen, die mit unserem normalen Leben nichts, aber auch gar nichts zu tun haben. Ferien sind Ausnahmezustände. Wir haben sie uns redlich verdient. „Das wirkliche Leben", so argumentieren wir, „ist ganz anders. Das wirkliche Leben ist beschwerlich und kompliziert. Wir müssen für die Familie sorgen, für die Kinder da sein, Geld verdienen, Steuern bezahlen, Probleme lösen und im Beruf unsere Leistung erbringen.

Klar, wäre es schön, ein einfaches und unbeschwertes Leben zu haben. Doch dies ist leicht gesagt und mit unserer alltäglichen Wirklichkeit nicht vereinbar". Und weiter wenden wir ein: „Nichts würde funktionieren und nichts würde klappen, wenn wir immer entspannt und glücklich wären wie im Urlaub". Sind die Ferien vorüber und hat uns der Alltag mit all seinen Pflichten und Sorgen, dem Komplizierten und Mühevollem wieder, befällt uns eine Wehmut. Von der Leichtigkeit, die wir kurz zuvor erlebten und in vollen Zügen genossen, ist nichts mehr übrig. Nur die Ferienbilder auf dem Handy erinnern uns daran, dass es ein anderes Leben gibt.

Denkanstöße:

Wie erfährst du das Leben? Was zeichnet dieses aus? Was ist für dich wichtig? Lebst du in zwei Welten: zum einen im mühsamen, beschwerlichen Alltag und zum anderen in den erholsamen, entspannten Ferien? Fühlst du dich jung und lebendig, wach und leicht oder alt und müde, träge und schwer? Wenn alt und müde, träge und schwer, weshalb? Wo sind die Leichtigkeit und Unbeschwertheit hin? Wie rechtfertigst und begründest du deren Verlust?

Meine Erfahrungen

Die Leichtigkeit und Lebendigkeit verlor ich, als ich erwachsen wurde. Lange spürte ich nichts davon, denn der Prozess dieses Verlustes ist subtil und geht schleichend vor sich. Unterstützt wurde dieser Verlust dadurch, dass in der Welt um mich herum die Leichtigkeit nicht gelebt wurde, ich mich mit diesem Zustand arrangierte und ich immer plausible Argumente hatte, um diesen zu rechtfertigen. So waren äußere Umstände, wie das schlechte Wetter, das zu kurze Wochenende, der Stress mit der Ausbildung oder Beziehungsprobleme, dafür verantwortlich, dass ich angespannt und lustlos war oder mich schwer und träge fühlte.

Auf die Leichtigkeit und Lebendigkeit stieß ich, als ich zu meditieren begann und den spirituellen Weg beschritt. Ich machte mich mit der Natur des Bewusstseins vertraut, änderte die Haltung und öffnete die Sichtweise. Ich begann die Welt mit anderen Augen zu sehen und das Leben neu zu entdecken. Sehr inspiriert auf diesem Weg haben mich nicht nur die buddhistischen Lehrer wie Gendün Rinpoche, sondern auch der große indische Weise Ramana Maharshi. Was sie über das Leben und das Bewusstsein sagten und schrieben, ist für mich sehr wertvoll und zutiefst berührend.

Ebenfalls von großer Hilfe für mich war unsere Tochter, als sie elf Monate alt war und zu laufen begann. Sie rappelte sich hoch und versuchte zu gehen. Sie fiel hin und lachte. Sie rappelte sich wieder auf und versuchte es erneut. Sie ließ

nicht locker. Sie versuchte es immer wieder, bis es klappte.
Dabei war sie nicht etwa besorgt und gestresst, sondern
entspannt und heiter und strahlte eine unglaubliche Freude
und Leichtigkeit aus. Während ich sie beobachtete, wurde
mir bewusst, dass das Leben auch angesichts von Hinder-
nissen und Schwierigkeiten einfach und leicht sein kann,
dass es auf die Haltung und Sichtweise ankommt.

Eigene Erfahrungen

3.

HEIMAT IST,
WO DAS HERZ IST

„Das Herz ist die einzige Wirklichkeit."
RAMANA MAHARASHI

Erika ist verheiratet und Mutter einer zehnjährigen Tochter. Sie arbeitet als Kindergärtnerin in einer kleinen Gemeinde. Erika liebt das Landleben. Sie braucht die Natur um sich. Städte mag sie gar nicht. Für sie sind sie zu hektisch, zu laut und zu anstrengend. Erika hat zwei Katzen und einen Hund. Mit ihrer Familie bewohnt sie eine geräumige Wohnung eines umgebauten Bauernhauses, welches auf einer Anhöhe liegt und an einen Wald angrenzt. Zur Wohnung gehört auch ein großer Blumen- und Gemüsegarten, der für sie wichtig ist und um den sie sich kümmert.

Obwohl es im Kindergarten oft laut ist und manchmal auch wild zu- und hergeht, hat Erika Freude an ihrer Arbeit und ist sie gerne mit ihren kleinen Schützlingen zusammen. Sie genießt es, mit den Kindern zu malen, zu basteln, zu musizieren, zu spielen und ihnen Geschichten zu erzählen. Erika ist jedes Mal tief berührt, wenn die Kinder beim Zuhören still werden, gebannt lauschen und die Geschichten sie in helle Begeisterung und großes Staunen versetzen. In solchen Momenten fühlt sich Erika erfüllt und glücklich. In solchen Momenten ist die Welt hell und das Leben leicht.

Sooft sie kann, geht Erika auf Flohmärkte und besucht sie Brockenstuben. Sie liebt es, herumzustöbern und Gegenstände aller Art, wie Schwarz-Weiß-Fotografien, porzellanene Teller, buntbemalte Tassen, alte Weingläser und kunstvoll verzierte Spiegel zu sammeln. Auf einer ihrer Stöbertouren entdeckte sie zufällig ein vergrautes Bild, auf dem der Satz geschrieben stand: Home Is Where The Heart Is. Erika nahm das Bild in die Hand, schaute den Schriftzug an und war auf seltsame Weise berührt. Sie legte es wieder hin und stöberte weiter. Sie kaufte sich eine gläserne Vase und zwei silberne Löffel. Sie wollte die Brockenstube gerade verlassen, als sie wieder am Gestell vorbeikam, auf dem das Bild stand. Erneut hob sie es auf und schaute es lange an. Obwohl das Bild selber ihr nicht sonderlich gut gefiel, entschied sie sich, es zu kaufen.

Zu Hause legte sie das Bild in einen Kasten, in dem sie andere Gegenstände aus Flohmärkten und Brockenstuben aufbewahrte, und vergaß es wieder. An einem regnerischen Tag, die Tochter und der Mann waren weg, entschied sich Erika, den Kasten, der voll von Gegenständen war, aufzuräumen. Während sie diesen ausmistet, fällt ihr das Bild wieder in die Hand. Erneut muss sie den Schriftzug „Home Is Where The Heart Is" lange anschauen. „Heimat ist, wo das Herz ist", sagt sie sich und wird still. Wieder fühlt sie sich so seltsam berührt wie damals in der Brockenstube, als sie das Bild zum ersten Mal in den Händen hielt. Irgendetwas - sie kann nicht sagen was - klingt an. Irgendetwas in ihr ist berührt. „Heimat?", fragt sich Erika, „was ist Heimat wirklich?". „Und wie", so überlegt Erika weiter, „ hat Heimat mit dem Herzen zu tun?".

Da sie ungestört ist und Zeit hat, nimmt sie das Bild und geht mit diesem in die Stube. Sie gießt sich eine Tasse Tee auf und setzt sich aufs Sofa, welches neben dem Holzofen steht, in dem ein wärmendes Feuer brennt. Erika schaut den Schriftzug an und sinnt nach. „Heimat, Heimat", tönt es in ihrem Kopf. Die Lieder und Gedichte sind voll von Balladen und Geschichten über Herz und Heimat. Oft jedoch hängt diesen etwas Trauriges, Melancholisches und Schmerzhaftes an. „Was aber bedeutet Heimat und Herz wirklich?", fragt sich Erika. Dass Heimat und Herz bedeutsame Themen sind, ist ihr bewusst, und dass wir diesen zu wenig Beachtung schenken, ebenfalls.

Erika beginnt nachzudenken. Als Kind war die Familie ihre Heimat und ihr Zuhause. Sie gab ihr Halt und Sicherheit. In der Familie fühlte sie sich geborgen und aufgehoben. Dann, mit dreiundzwanzig Jahren, gab es eine große Veränderung in ihrem Leben. Erika beendete die Ausbildung zur Kindergärtnerin. Sie wollte arbeiten und Erfahrungen sammeln. Sie bewarb sich in verschiedenen Gemeinden und fand schließlich eine Stelle in einem Dorf, das einen neuen Kindergarten eröffnete. Erika zog aus und nahm sich eine eigene Wohnung. Der Wegzug aus dem vertrauten Zuhause fiel ihr schwer. Sie stand ihrer Mutter sehr nahe. Zu den Geschwistern hatte sie eine innige Beziehung. Nicht, dass sie sich nicht auf die neue Aufgabe und die Kinder freute. Ganz und gar nicht. Doch sie vermisste die Mutter und das Zusammensein mit den Geschwistern.

Erika trinkt einen Schluck Tee und legt Holz in den Ofen. Sie setzt sich wieder aufs Sofa, mit dem Schriftzug auf den Beinen, und nimmt den Faden erneut auf. Während des Tages, wenn sie beschäftigt und im Kindergarten war, ging es ihr gut. Sie war mit Freude und Leidenschaft bei der Sache. Für Erika gab es nur die Kinder und deren Welt. Schwierig wurde es abends, wenn sie alleine zu Hause war, sie die Lektionen für den nächsten Tag vorbereitet und alle Arbeiten abgeschlossen hatte. Sie wusste nicht, was sie mit sich und der freien Zeit anfangen sollte. Dies war für sie eine völlig neue, unbekannte Situation. „Ich war ange-spannt und fühlte mich traurig. Zum ersten Male in meinem Leben hatte ich das Gefühl, ohne Heimat zu sein", erin-nert sie sich. Eine leichte Schwere macht sich in ihrer Brust breit. Trost fand sie jeweils in den langen Telefonaten, die sie mit der Mutter führte. Die Stimmen der Geschwister zu hören, war ebenfalls sehr wohltuend. Sooft sie konnte und die Zeit es erlaubte, ging Erika an den freien Wochenenden nach Hause und besuchte die Familie.

Erika trinkt einen weiteren Schluck Tee und macht eine Pause. Sie schaut zum Fenster hinaus und wird still. Drau-ßen zieht Nebel auf. Es beginnt leicht zu regnen. Erika betrachtet den Schriftzug erneut und besinnt sich auf die Erlebnisse von damals. „Ich brauchte Zeit, um mich zurechtzufinden und mich in der Gemeinde einzuleben", sagt sie halblaut zu sich. Unterstützend waren der wöchentliche Besuch einer Yogagruppe und die Teilnahme an verschiedenen sozialen Aktivitäten. Sie lernte interessante Leute kennen und wurde von diesen auch eingeladen. Nach und nach entwickelten sich neue Beziehungen und feste Freundschaften entstanden. Erika begann sich wohler zu fühlen und eine neue Heimat zu finden. Das Unwohlsein und die Anspannung, die sie abends zu Beginn jeweils spürte, lösten sich auf. Auch das Gefühl der Heimatlosigkeit, das sie noch nie erlebt hatte und sie sehr verunsicherte, verschwand. Sie war froh und erleichtert, als es ihr am neuen Ort gutging und sie ein neues Zuhause gefunden hatte.

Erika nimmt einen weiteren Schluck Tee. Das Knistern des Feuers und die Wärme, die von diesem ausgehen, verbreiten eine wohlige Atmosphäre und ein angenehmes Gefühl. Draußen nimmt der Regen zu und der Nebel, der dichter wird, hüllt das Haus und die Umgebung in ein milchiges Grau. Erika genießt es, Zeit zu haben, sich an vergangene Erlebnisse zu erinnern und über das Thema Heimat und Herz zu sinnieren. Fünf Jahre arbeitete Erika im Kindergarten, als sie Marc bei einer Veranstaltung, welche die Gemeinde organisierte, kennen lernte. Marc ist Lehrer und arbeitete im Nachbarsdorf. Erika und Marc verliebten sich ineinander und verbrachten viel Zeit zusammen. Erika war glücklich und ihr Herz erfüllt von Liebe. Vor allem der Sommer, den sie zusammen auf einem Campingplatz am Meer in Frankreich verbrachten, war für sie einmalig und unvergesslich.

Ein knappes halbes Jahr waren sie zusammen, als sich Marc plötzlich seltsam benahm. Er, der die Nähe zu ihr stets suchte und immer mit ihr sein wollte, verhielt sich distanziert und war unverbindlich. Er brauche mehr Zeit für sich und seine Kollegen, war seine Begründung. Erika fühlte sich verletzt und traurig. Sie war verunsichert. Sie machte sich große Sorgen und befürchtete das Schlimmste. Marc versuchte Erika zu beruhigen und sagte ihr wiederholt, dass keine andere Frau im Spiel sei. Alle Erklärungen und Beruhigungsversuche von Marc vermochten ihr Misstrauen nicht zu vertreiben. Erika ließ nicht locker. Sie wollte den wahren Grund für sein seltsames Verhalten wissen. Schließlich gab er zu, dass er sich in eine andere Frau verliebt hatte und sich trennen wolle. Erika war geschockt. Die schlimmste Befürchtung wurde wahr. Ihre Welt brach zusammen. Sie fiel in ein Loch. In ihr war es nur noch dunkel und das Herz tat nur noch weh. Erika fühlte sich verloren und heimatlos.

Tränen schießen ihr in die Augen und im Herzen spürt sie einen leichten Schmerz. Erika ist angespannt und ihr Atem geht schwer. Sie nimmt einen Schluck Tee, wischt sich die Tränen ab und versucht sich zu beruhigen. Sie schaut zum Fenster hinaus. Ihr Blick schweift in die Ferne zum nahegelegenen Wald. In der Zwischenzeit hat es aufgehört zu regnen. Die Sonne scheint. Es ist hell und klar draußen. Nach und nach entspannt sich Erika. Die Traurigkeit und der Schmerz flachen ab und verschwinden vollständig. „Uhu, das war keine einfache Zeit", sagt sie in den Raum hinaus und seufzt.

Erika brauchte Zeit, um den Schock aufzulösen und die Krise zu bewältigen. Da sie verkrampft war, nicht mehr richtig schlafen konnte und immer wieder Weinkrämpfe hatte, begab sie sich in Psychotherapie. Nachdem sie die Krise überstanden und wieder Fuß im Leben gefasst hatte, lebte sie zwei Jahre alleine und lernte danach ihren jetzigen Mann kennen. Zwischen beiden entwickelte sich eine tiefe und vertrauensvolle Beziehung. Erikas Herz, das durch die Krise zugeschüttet worden war, öffnete sich langsam wieder und die Liebe, die sie nicht mehr spürte, begann erneut zu fließen. Erika spürte wieder Halt und Sicherheit im Leben und hatte eine feste Heimat, worüber sie sehr froh war.

Erika nimmt einen weiteren Schluck Tee. Sie betrachtet den Schriftzug erneut. „Heimat ist, wo das Herz ist", sind die Worte, die ihr über die Lippen kommen. Sie wird still und fühlt sich berührt. Sie schaut zum Fenster hinaus und freut sich, den Wald und den Himmel zu sehen. Dann beginnt sie wieder zu überlegen und fragt sich, wie genau Heimat und Herz zusammenhängen. „Also, wenn ich ein Herz habe, habe ich eine Heimat". Und weiter: „Da wir alle ein Herz haben, haben wir alle eine Heimat. Dies ist eigentlich logisch. Dennoch können wir die Heimat verlieren". Wie sie dies selber hautnah erlebte, fühlte sie sich ohne Heimat, als sie in Not geriet, der Schmerz überhandnahm und das Herz zuging. Als sie losließ und die Krise überwand, ging es ihr wieder besser. Und als sie ihren Mann traf und sie sich verliebte, öffnete sich das Herz und die Liebe begann zu fließen. „Was aber braucht es, damit das Herz offen bleiben kann und die Heimat nicht verloren geht?", fragt sich

Erika. Sie will sich gerade mit dieser spannenden Frage befassen, als die Türe auffliegt, ihre Tochter hereinstürzt und sie mit offenen Armen herzlich begrüßt.

HEIMAT - HERZ, HERZ - HEIMAT

Heimat und Herz sind von zentraler Bedeutung. Heimat und Herz sind die Grundlage des Lebens und die Quelle des Seins. Das Wohlbefinden, die Gesundheit, aber auch der Frieden und das Glück hängen maßgeblich von ihnen ab. Heimat und Herz sind untrennbar miteinander verbunden. Vergleichbar den zwei Seiten einer Münze gehören sie zusammen. In unserem Alltag spielen Heimat und Herz jedoch keine große Rolle. Eingespannt in ein dichtes Programm, das wir abspulen, und ausgelastet mit Arbeiten, die wir erledigen müssen, haben wir für das Grundlegende, die Heimat und das Herz, keine Zeit und sie geraten in Vergessenheit. Erst wenn wir in Schwierigkeiten geraten und uns unglücklich fühlen, denken wir an sie und werden sie zum Thema. Da Heimat und Herz essentiell sind und es ohne Heimat kein Herz und ohne Herz keine Heimat gibt, müssen wir uns mit ihnen befassen und deren grundlegende Bedeutung für unser Leben verstehen.

Heimat

Alles, was uns vertraut und bekannt ist, uns ein Gefühl von Zugehörigkeit und Orientierung gibt, Halt und Sicherheit vermittelt, gehört für uns zur Heimat. Alles, womit wir uns identifizieren, alles, woran wir uns halten, und alles, was wir mit Schutz und Geborgenheit in Verbindung bringen, kann für uns zur Heimat werden. Heimat kann nicht nur das Land sein, in dem wir leben, oder die Nation, der wir angehören, sondern auch die eigene Familie, eine Beziehung, eine Gruppe, ein Verein, der Beruf oder der eigene Körper. Die Heimat kann unterschiedliche Ausrichtungen und Schwerpunkte haben. Sie kann gesellschaftlicher, ethnischer, kultureller, sozialer, psychologischer, religiöser oder spiritueller Natur sein.

Denkanstöße:

Was bedeutet für dich Heimat? Welcher Art ist deine Heimat? Gibt es für dich eine Heimat oder mehrere? Was vermittelt und was gibt sie dir? Was sind ihre Merkmale und Besonderheiten? Ist deine Heimat beständig und solide oder wankend und vergänglich? Hat Heimat für dich etwas mit deinem Land, der Nation, der Gemeinde, der Familie, dem Beruf oder etwas anderem zu tun? Befindet sich deine Heimat außerhalb von dir oder in dir?

Die oben aufgeführten Arten von Heimat, mit denen wir uns normalerweise identifizieren und an die wir uns halten, bergen ein Problem in sich. Sie sind zusammengesetzt, an Bedingungen geknüpft und instabil und vergänglich. Jeden Moment können sie ins Wanken geraten, auseinanderbrechen oder sich auflösen, so dass wir unser Zuhause verlieren. Solche Arten von Heimat können uns ein Gefühl von Halt und Sicherheit vermitteln, nicht aber wirklichen Halt und Sicherheit geben. Wir sind stets im Ungewissen. Wir wissen nie, ob unsere Heimat uns wirklich trägt, wie lange sie hält und wann sie zusammenbricht und sich auflöst. Wir sind angespannt und fühlen uns unsicher. Wir können nicht wirklich loslassen und die Kontrolle aufgeben. Es fällt uns schwer, zu vertrauen und uns dem Leben hinzugeben, denn die Gefühle der Ungewissheit und Unsicherheit begleiten uns auf Schritt und Tritt.

Aus Unwissenheit haben wir unsere wahre Heimat, das, was uns wirklich Halt und Sicherheit gibt, längst vergessen. Statt uns auf unser Herz zu beziehen und diesem zu vertrauen, halten wir an Konzepten, Ideologien und Konstrukten fest, die wir fälschlicherweise als Heimat betrachten und die wir, da sie uns ein Gefühl von Halt und Sicherheit vermitteln, schützen und verteidigen. Wenn das, was wir als unsere Heimat betrachten, in Gefahr ist, fühlen wir uns angegriffen und in unserer Existenz bedroht. Wie sehr wir auch für unsere Heimat einstehen und versuchen, diese abzusichern und zu retten, es will uns einfach nicht gelingen, denn was wir schützen und verteidigen, sind Konzepte, Ideologien und Konstrukte. Dieses grundlegende Missverständnis erklärt auch, weshalb es immer wieder zu Auseinandersetzungen, Konflikten und Kriegen kommt, die niemandem dienen, Schmerz und Not verursachen und nichts als Verlierer hervorbringen.

Herz

Die Heimat, um die es hier geht, ist weder ein Begriff noch ein Konzept. Die Heimat, von der wir hier sprechen, ist nicht aufgebaut und nicht zusammengesetzt. Diese Heimat, die wir in uns tragen und die wir sind, ist weder an Voraussetzungen gebunden noch Bedingungen geknöpft. Diese Heimat ist stabil und fest. Sie ist immer und überall. Diese unsere wahre Heimat geht allen Erscheinungen voraus und liegt jenseits von Begriffen und Konzepten. Sie ist der Grund des Lebens und der Ursprung des Seins. Sie ist nicht erschaffen, nicht zusammengesetzt und nicht vergänglich. Sie existiert aus sich selbst heraus und kann nicht verloren gehen. Weil sie kein fassbares Etwas ist, gibt es nichts abzusichern, nichts zu schützen und nichts zu verteidigen und keinen Stress, keine Unsicherheit und keine Spannungen. Und wo es keinen Stress, keine Unsicherheit und keine Spannungen gibt, ist alles leicht und alles einfach.

3. Erkenntnis:
Das Herz ist unsere wahre Heimat.

Das Herz, von dem wir hier sprechen, hat nichts mit dem physischen Organ in der linken Seite unserer Brust zu tun, das den Körper mit Blut und Sauerstoff versorgt. Dieses Herz ist nichts Romantisches, Mysteriöses, Abgehobenes oder Esoterisches. Es ist kein Begriff, kein Konzept, kein Gedanke, kein Gefühl, kein Zustand und keine Erfahrung. Dieses Herz ist unsere Bestimmung und unsere Heimat. Dieses Herz beinhaltet alles, umfasst alles und ihm entspringt alles. Es ist die Quelle des Lebens und die Essenz des Seins. Für dieses Herz, unser wirkliches Zuhause und einzige Heimat, müssen wir nichts leisten und nichts tun. Es ist das Naheliegendste und Natürlichste, das es gibt. Es ist immer mit uns. Es lässt uns nie im Stich. Es ist der treuste Freund und verlässlichste Begleiter, den wir haben. Blind, wie wir sind, übersehen wir es. Wenn wir es suchen, finden wir es nicht, denn wir können das, was wir bereits sind, nicht finden.

Im Herzen zu leben bedeutet, in unserer Wahrheit, dem Sein, zu ruhen und zu wissen, wer wir sind. Wenn wir in uns ruhen und wissen, wer wir sind, sind wir alles und haben alles. Im Herzen gibt es keine Trennung, keine Aufspaltung und keine Dualität irgendwelcher Art. Es existiert weder gut noch schlecht, weder schön noch hässlich, sondern nur die Wahrheit, die aus sich selber heraus strahlt und sich in allem manifestiert. Im Herzen, der Quelle des Lebens und der Essenz des Seins, ist alles durchdrungen von der Kraft der Weisheit und erfüllt von Stille und Frieden.

Wenn wir alles Tun und Machen beiseitelegen, still werden und in uns hineinlauschen, können wir die uns vertraute, enge Welt des denkenden Geistes überschreiten und das entdecken, was mit dem Wort Herz gemeint ist. Und mit dem

Auftauchen der Quelle des Lebens und der Essenz des Seins, dem Herzen, offenbart sich uns unser inneres Zuhause und unsere wahre Heimat. Nicht von ungefähr heißt es: Home Is Where The Heart Is.

Denkanstöße:

Was bedeutet für dich der Begriff „Herz"? Ist dies für dich lediglich ein Organ, ein romantischer Begriff oder ist es mehr? Wenn mehr, was zeichnet für dich das Herz aus? Was sind seine Eigenschaften und Qualitäten? Stehen Heimat und Herz für dich in Beziehung zueinander? Wenn nein, okay. Wenn ja, wie? Ergründe, welche Rollen sie in deinem Leben spielen, welche Bedeutung sie haben und wie sie zusammenhängen. Es macht nichts, wenn du keine Antwort findest. Viel wichtiger ist es, dich einzulassen, nach innen zu lauschen und am Herzen zu bleiben. Wenn du dranbleibst und geduldig bist, wird es sich offenbaren.

Denkpause:

Um zu entspannen, den Kopf frei zu halten und dich mit grundlegenden Themen wie Heimat und Herz vertraut zu machen, mache es dir zur Gewohnheit, regelmäßig Denkpausen einzulegen. Nachstehend eine einfache, aber effektive Übung, die wir während des Tages immer wieder ausführen können:

Setze dich auf einen Stuhl oder mache es dir auf einer festen Unterlage bequem. Visualisiere dich als mächtigen Baum, mit einer prächtigen Krone und kräftigen Wurzeln, die tief ins Erdreich hinabreichen. Oder, wenn dir das Bild mehr zusagt, sehe dich als stolzen Berg, dem weder Stürme noch Gewitter etwas anhaben können. Öffne deinen Blick und schaffe innerlich Raum. Dazu kannst du die Weite und Offenheit des Himmels ins Zentrum rücken und dich auf diese beziehen.

Hast du die oben beschriebene Haltung eingenommen, atme einige Male ganz bewusst ein und aus. Atme auch in den Körper, um die Muskeln zu lockern, Spannungen aufzulösen und Stress abzubauen. Kehre immer wieder zur Haltung und zum Atem zurück und spüre das sanfte Ein- und Ausströmen des Atems. Was immer du erfährst, wahrnimmst und empfindest, lasse geschehen, was geschehen will! Unterlasse es, zu bewerten, zu urteilen und einzugreifen. Beobachte, was geschieht. Kehre immer wieder zur Haltung und zum Atem zurück. Spüre, wie es ist, wenn du einfach bist, es nichts zu tun gibt, du den Augenblick genießt und du über das Leben staunst.

Wenn du die Übung abgeschlossen hast, versuche den entspannten, offenen Zustand mit in den Alltag zu nehmen und dich bei der Arbeit, zu Hause und in der Freizeit an diesen zu erinnern. Dies ist wichtig!

Meine Erfahrungen

Heimat hatte für mich nur oberflächlich mit etwas Äußerem oder Materiellem zu tun. Die Familie, Freunde, Bekannte und die Zugehörigkeit zu verschiedenen Gruppen waren mir wichtig. Sie gehörten für mich zu einem normalen Leben. Vergleichbar einem Gefäß, boten sie mir Halt und Sicherheit. Sie gaben mir ein Gefühl von Zugehörigkeit und halfen mir, mich im Alltag zu orientierten. Die wahre Heimat jedoch befand sich immer in mir. Von dieser ging etwas Ruhiges und Beständiges, etwas Helles und Kraftvolles aus. Ich konnte durcheinander und die Welt um mich herum konnte in Aufruhr sein, etwas in mir war immer klar und still. Etwas in mir strahlte immer Wärme und Energie aus und hatte nichts mit dem Alltag, den Gedanken und Gefühlen, den Sorgen und Ängsten zu tun. Ich konnte tun und machen, was ich wollte, dieses Etwas war in nichts verstrickt und blieb von allem unberührt. Ich konnte dunkle Zustände durchleben und bedrohliche Gefühle haben, dieses Etwas war immer leicht und hell. Bald jedoch musste ich erfahren, dass die Welt um mich herum dies völlig anders sah, unter Herz und Heimat etwas ganz anderes verstand und ich den Zugang zu diesen verlor.

Eigene Erfahrungen

4.

DER LANGE SCHATTEN

„Die Ursache des Leidens liegt nicht im äußeren Leben.
Sie liegt in dir als dem Ego."

RAMANA MAHARASHI

Brigitte hat Architektur studiert und arbeitet in einer kleinen Bürogemeinschaft. Sie ist gesund und führt ein aktives,
abwechslungsreiches Leben. Sie liebt ihren Mann und hat
Freundinnen und Freunde, mit denen sie gerne zusammen
ist. Sie hat eine interessante Arbeit und treibt regelmäßig
Sport. Was Brigitte nicht versteht, ist, weshalb sich ihr
Befinden so schnell ändern kann, der Alltag kompliziert
und das Leben anstrengend wird. Der Elan und die Freude,
die sie eben noch hatte, gehen verloren. Lebensfreude und
Leichtigkeit sind weg. Brigitte ist angespannt und fühlt sich
unwohl in ihrer Haut. Zweifel, Unsicherheit und Sorgen
machen sich breit. Überall sieht sie Probleme und Hindernisse tauchen auf. Es fällt ihr schwer, sich zu konzentrieren
und den Kopf bei der Sache zu haben. Manchmal bekommt
sie Magenbeschwerden oder Kopfschmerzen. Brigitte
nimmt sich zusammen und versucht sich nichts anmerken
zu lassen. Dies macht sie nicht nur müde, sondern lässt das

Unwohlsein und die Anspannung anwachsen. Da sie diesen Zustand schlecht erträgt und sie sich unattraktiv fühlt, möchte sie sich am liebsten zurückziehen und alleine sein. Sie ist froh, wenn sie nach Hause gehen kann, Ruhe hat und nichts mehr tun muss. Oft nimmt sie ein Entspannungsbad, geht frühzeitig zu Bett und hofft, dass am nächsten Tag alles vorüber ist und sie sich wieder wohlfühlt.

Brigitte fragt sich jeweils, was die Gründe für das Unwohlsein, die Stimmungsschwankungen und die Spannungen sind und womit das Ganze, das sie nicht einordnen kann und das für sie überhaupt keinen Sinn macht, zu tun hat. „War es das schwere Essen über Mittag, das zähe Gespräch mit dem neuen Kunden oder die lange Autofahrt zur Baustelle?". „Hat es etwas mit der unruhigen Nacht und dem zu kurzen Schlaf, den schlechten Nachrichten im Fernsehen oder den Eheproblemen der Schwester zu tun?", sind Fragen, die ihr durch den Kopf gehen. „Vielleicht, aber vielleicht auch nicht." Brigitte weiß es nicht. Sie kann es nicht sagen. Sie tappt völlig im Dunkeln. Sie findet weder eine passende Antwort noch eine plausible Erklärung. Dass sie das Leben nicht im Griff hat und sie die Ursachen, welche für die Veränderungen ihres Zustandes verantwortlich sind, nicht kennt, stresst sie. Wenn die Anspannung sich gelegt, das Unwohlsein sich aufgelöst hat und es ihr wieder gutgeht, hat sie alles schnell vergessen.

Bedingt durch ein Bauprojekt, für das sie zuständig war und das kurz vor dem Abschluss stand, musste Brigitte viel arbeiten. Sie stand unter Zeitdruck und war im Stress.

Während des Tages eilte sie von Sitzung zu Sitzung, von Termin zu Termin. Wenn sie abends nach Hause kam, war sie ruhelos und aufgekratzt. Sie hatte Mühe, runterzukommen und abzuschalten. Sie war wie auf Nadeln und konnte nichts mit sich anfangen. Sie aß, obwohl sie keinen Hunger verspürte. Sie lief umher, obwohl sie gar nicht mehr laufen wollte. Sie sprach, obwohl sie gar nicht sprechen wollte. Wenn ihr Mann versuchte, sie zu beruhigen, reagierte sie gereizt und war ungehalten. Sie warf ihm vor, dass er ihr nicht zuhöre und er ihre Lage nicht verstehe. Die Gespräche endeten regelmäßig in Anschuldigungen und im Streit. Wenn sie realisierte, wie ungerecht sie ihm gegenüber war und wie sie ihn mit ihren Anschuldigungen verletzte, bekam sie Schuldgefühle. Sie hatte ein schlechtes Gewissen, machte sich selber Vorwürfe und ihr tat das Ganze jeweils sehr leid.

Brigitte, die nie Probleme mit dem Schlaf gehabt hatte, wachte nachts immer öfters auf. In ihrem Kopf drehte es. Da sie es im Bett kaum aushielt, stand sie auf. Sie ging zum Kühlschrank und aß etwas. Sie versuchte sich mit Lesen oder Fernsehen abzulenken. Am Morgen war sie müde. Es fiel ihr schwer, aufzustehen und in die Gänge zu kommen. Während des Tages hatte sie vermehrt Magenbeschwerden und abends häufiger Kopfschmerzen. Als Brigitte nach einem anstrengenden Morgen am Nachmittag eine Sitzung mit einem Bauherrn leitete, nahm sie plötzlich einen schrillen Ton in ihrem rechten Ohr wahr. Sie erschrak und bekam Angst. Sie versuchte sich zu beruhigen und zu entspannen, doch es half nichts. Der Ton ging nicht weg.

Die Anspannung und Angst lösten sich nur langsam auf. Am Abend, als Brigitte nach Hause kam, war sie aufgewühlt und völlig durcheinander. Dass sie nun auch noch ein Geräusch ihm Ohr hatte und befürchtete, einen Tinnitus zu bekommen, war zu viel. Ihr Mann sprach ihr gut zu und tröstete sie, was sie etwas beruhigte. Am nächsten Morgen war das Geräusch im Ohr weg. Brigitte war erleichtert. Die Stimmung hellte sich auf. Ihr war klar, dass sie die Angelegenheit ernst nehmen musste und das Symptom ein Warnschuss war. Das Geräusch war jedoch nicht vollständig weg. Wenn sie viel arbeitete, im Stress war und unter Druck stand, kehrte der Ton häufig zurück. Wenn sie eine Pause machte und sich ausruhte, verschwand er wieder.

Da die Situation sie belastete, es so nicht weitergehen konnte und sie lernen wollte, besser mit Stress und Zeitdruck umzugehen, entschied sich Brigitte, in ein Coaching zu gehen. Das Coaching tat ihr gut. Es wurde für sie eine große Stütze. Sie hatte Raum und Zeit für sich. Im Coaching befasste sie sich mit ihren Stärken und Schwächen, eignete sich Strategien und Methoden an, die ihr halfen, loszulassen und zu entspannen. Sie strukturierte ihren Alltag neu und setzte die Prioritäten anders. Das Coaching zeigte positive Wirkung. Brigitte wurde ruhiger und war gelöster. Sie schlief besser und fühlte sich morgens ausgeruhter. Obwohl sie Unterstützung erhielt und mehr auf ihre Gesundheit achtete, geschah es weiterhin, dass sich ihr Befinden ohne sichtbare Gründe plötzlich änderte, sie sich unwohl fühlte, Spannungen sich aufbauten, Sorgen und Ängste sich breitmachten und der Alltag beschwerlich war.

Brigitte war ratlos. Sie hatte gehofft, dass sie mit Unterstüt-
zung des Coachings von diesen Problem frei werden und
der Schatten, der ihr Leben immer wieder verdunkelte, ver-
schwinden würde.

Die Schwierigkeiten, die sie durchlebte, und die Auseinan-
dersetzung mit sich selber im Coaching machten Brigitte
offener und sensibler. Sie achtete mehr darauf, was sie
erlebte und wie sie sich fühlte. Dabei nahm Brigitte wahr,
dass das, was ihr durch den Kopf ging und womit sie sich
gerade beschäftigte, einen Einfluss auf sie, ihr Befinden
und ihre Gesundheit hatte. „Wenn ich im Stress bin und
unter Druck stehe, spüre ich Spannungen im Körper. Die
Gedanken nehmen dann zu und werden schwer. Die Stim-
mung kippt und das Leben wird anstrengend", erklärt sie.
„Wenn ich mich draußen in der Natur aufhalte, Zeit habe
und nichts muss, nimmt das Drehen im Kopf ab. Ich habe
dann weniger und angenehme Gedanken, bin ausgegliche-
ner und klarer und fühle mich leicht und unbeschwert."

Brigitte war überrascht, zu entdecken, dass sie ständig
irgendwelche Gedanken hatte und es in ihrem Kopf nie
ruhig war. Die Gedanken kamen und gingen. Sie führten ein
Eigenleben, über das sie keine Kontrolle hatte. Oft waren
sie zusammenhanglos und wirr und hatten mit der aktuel-
len Situation wenig oder gar nichts zu tun. Sie drehten sich
um alle möglichen und unmöglichen Dinge. Besonders ein-
drücklich erlebte sie dies jeweils nach der Arbeit, wenn sie
müde war, an der Bushaltestelle stand und auf den Bus war-
tete. In ihrem Kopf, der voll war, tönte es dann so: „Endlich

Feierabend", „Ich muss noch Brot kaufen", „Habe ich die Telefonnummer des Schreiners richtig aufgeschrieben?", „Ein Cabriolet wäre schön", „Wenn es nur schon Wochenende wäre", „Die Frau neben mir hat eine viel zu große Nase", „Wie heißt der neue Präsident von Frankreich schon wieder?", „Katzen haben es gut. Sie müssen nichts" oder „Der junge Mann auf dem Fahrrad schaut dumm drein". War sie im Bus und hatte Platz genommen, ging es in der gleichen Weise weiter. Die Gedankenflut nahm kein Ende. Brigitte grübelte, bewertete und erklärte. Sie war mit Geschichten beschäftigt und führte Selbstgespräche. Oft war sie derart von den Gedanken eingenommen und so tief ins geistige Karussell versunken, dass sie ihre Umwelt nicht wahrnahm und erst wieder daraus auftauchte, als der Bus anhielt und sie aussteigen musste.

Wenn sie viele und negative Gedanken hat und das Drehen im Kopf kein Ende nimmt, ist Brigitte angespannt und verunsichert. Das Leben wird anstrengend und der Alltag schwer. Sie macht sich Sorgen und hat Selbstzweifel. Sie findet sich unattraktiv und nicht liebenswert. Sie fühlt sich minderwertig und schwach. Da sie diesen Zustand kaum aushält und der Schatten, der sich jeweils über sie legt, dunkler wird, macht sie alles Mögliche, um sich zu beruhigen. „Alles nur halb so schlimm. Es wird schon wieder", sagt sie sich mit tröstender Stimme. Meistens hilft alles gute Zureden nicht wirklich. Oft ist das Gegenteil der Fall. Als ob sie Öl in ein Feuer gießen würde, werden die Gedanken intensiver, wird die Verwirrung größer und das Aufgewühltsein stärker. Brigitte hält es mit sich selber kaum aus.

Sie tigert in der Wohnung umher, stopft Süßigkeiten in sich hinein oder zappt im Fernseher umher. Sie fragt sich auch, ob mit ihr etwas nicht stimme und sie psychische Probleme habe, was sie zusätzlich belastet und weiter verunsichert. Brigitte möchte keine negativen Gedanken haben und keine unangenehmen Zustände erleben. Sie möchte glücklich sein und sich am Leben freuen. Sie möchte nicht von etwas Schwerem und Dunklem zugedeckt werden und die Freude und Leichtigkeit verlieren.

Warum sich ihr Befinden immer wieder ändert, sie viele und auch negative Gedanken hat, sie an sich selber zweifelt, sie sich nicht liebenswert fühlt und der Alltag schwer und das Leben anstrengend wird, weiß sie nicht. Sie kann es sich nicht erklären. Für sie gibt es keinen Grund dafür. Das Ganze ist ein großes Rätsel und macht überhaupt keinen Sinn. Brigitte ist körperlich gesund und hat eine positive Lebenseinstellung. Sie ist zuvorkommend und hilfsbereit. Sie wird von den Mitmenschen geschätzt und vom Partner geliebt. Sie trägt keine unerledigten Geschichten mit sich herum und hegt niemandem gegenüber einen Groll.

UNSERE ALLTAGSWIRKLICHKEIT

Wir achten auf die Gesundheit und tragen Sorge für den Körper. Wir schlafen ausreichend und halten uns an eine ausgewogene Ernährung. Wir haben eine positive Grundeinstellung und sind bemüht, ein gutes Leben zu führen. Wir sind hilfsbereit und den Mitmenschen gegenüber wohlgesinnt. Wir verfügen über ein gewisses psychologisches Verständnis. Wir meistern alltägliche Probleme und bewältigen anstehende Herausforderungen. Wir sind offen und am Weltgeschehen interessiert. Wir haben etwas aufgebaut und etwas erreicht im Leben. Wir bilden uns kontinuierlich weiter und haben eine Arbeit, die uns zusagt. Wir verfügen über eine schöne Wohnung und Geld auf der Bank. Wir sind in einer Partnerschaft, in der wir geschätzt und geliebt werden. Wir haben Freunde, mit denen wir gerne zusammen sind und die uns mögen. Eigentlich sind die Voraussetzungen optimal und ist alles vorhanden für ein erfülltes und glückliches Leben.

Obwohl uns nichts fehlt und wir uns redlich Mühe geben, ist unser Leben nicht stabil und sind wir nicht ausgeglichen. Aus uns unerklärlichen Gründen ändert sich unser Befinden immer wieder und kommen uns die Leichtigkeit, die Freude und das Glück abhanden. Wir sind angespannt und fühlen uns unwohl. Im Kopf dreht sich alles. Wir haben Mühe, abzuschalten und zur Ruhe zu kommen. Sorgen und Befürchtungen machen sich breit. Die Energie und der Schwung gehen verloren. Wir fühlen uns unsicher, erleben

Ärger, haben Zweifel und sind im Stress. Der Alltag wird mühsam und das Leben anstrengend. Wir schlafen schlecht und wissen nicht, warum. Am nächsten Tag sind wir müde und leicht gereizt. In der Partnerschaft kommt es immer wieder zu Meinungsverschiedenheiten und aus Nichtigkeiten entstehen Konflikte. Wir fühlen uns unverstanden und verletzt, ungeliebt und einsam. Manchmal tauchen körperliche Beschwerden auf, die uns ängstigen und zu schaffen machen. Wir können nicht verstehen, was mit uns passiert und womit das Ganze, das unseren Absichten und Bemühungen entgegenläuft und überhaupt keinen Sinn macht, zu tun hat.

4. Erkenntnis:
Instabilität und Unausgeglichenheit
zeichnen unser Leben aus.

Warum ist dies so? Weshalb ist unser Leben nicht stabil und sind wir nicht ausgeglichen? Weshalb ändert sich unsere Stimmung so schnell und geraten wir leicht aus dem Gleichgewicht? Warum verdunkelt sich unser Befinden immer wieder und ist der Alltag anstrengend? Weshalb haben wir Mühe, zur Ruhe zu kommen, und hören die Dramen nicht auf? Weshalb sind die Freude und das Glück nur von kurzer Dauer? Was treibt uns an, entgegen unseren gutgemeinten Absichten zu handeln und Dinge zu tun, die nicht gut für uns oder andere sind? Woran liegt es? Was sind die Hintergründe dafür? Liegt es am Wetter, an der Umgebung, der Wohnung oder den Nachbarn? Liegt es am Beruf, den täglichen Verpflichtungen und den vielen Aufgaben? Oder liegt es an der Familie, an der Partnerin, dem Partner oder an den Kindern? Wir haben Vermutungen und Annahmen, können es aber nicht wirklich sagen. Wir sind unsicher und tappen im Dunkeln.

Denkanstöße:

- Wie sieht deine Alltagswirklichkeit aus?
- Ist dein Leben stabil und bist du ausgeglichen?
- Wenn ja, schön.
- Wenn nein, weshalb?
- Was sind die Ursachen für die Instabilität, Spannungen, Unausgeglichenheit, Stimmungsschwankungen und Unruhe?
- Was steckt dahinter und womit hängen diese zusammen?

Der denkende Geist

Um Licht ins Dunkle zu bringen und zu verstehen, was die Instabilität und Unausgeglichenheit verursacht, den Alltag erschwert und das Leben anstrengend macht, müssen wir uns mit dem Bewusstsein, genauer mit dem denkenden Geist befassen. Der denkende Geist, auch Ego genannt, ist die geistige Instanz, die ständig Worte, Begriffe, Ideen, Gedanken und Konzepte hervorbringt. Er ist ein willkürlich zusammengewürfeltes Konglomerat, bestehend aus Erfahrungen, Eindrücken, Schlussfolgerungen, Annahmen,

Vermutungen, Hypothesen, Werten, Mythen und Normen. Die Stimme ICH in unserem Kopf, die nonstop spricht, alles kommentiert, ständig urteilt, wertet, wünscht, sucht, hofft, befürchtet, zweifelt, misstraut, ablehnt und festhält, gehört ebenfalls zum denkenden Geist.

Der denkende Geist ist immer mit uns. Er weicht nie von unserer Seite. Er begleitet uns auf Schritt und Tritt. Er ist ganz selten ruhig. Kaum dass wir morgens richtig wach sind, ist er bereits da. Die Stille und Frische der Nacht sind weg. In unserem Kopf beginnt es zu arbeiten. Der denkende Geist nimmt uns in Beschlag und hält uns auf Trab: Ein Gedanke folgt dem anderen, eine Überlegung der nächsten. Er plant, ordnet, wägt ab, zieht in Betracht und schließt aus. Er malt aus, hebt hervor und weist zurück. „ICH möchte", „ICH will", „ICH sollte", „ICH müsste", „ICH werde", „ICH schaffe es", „ICH schaffe es nicht", „ICH werde Erfolg haben", „ICH werde versagen", „ICH weiß, was ICH will", „ICH habe überhaupt keine Ahnung" oder „ICH fühle mich gut" und „ICH fühle mich schlecht", tönt es in unserem Kopf. Der denkende Geist begleitet uns von morgens früh bis abends spät, wenn wir schlafen gehen. Auch in der Nacht, wenn wir träumen, ist er präsent und aktiv. Er erzeugt Szenarien und Geschichten aller Art. Manchmal wecken uns diese auf und rauben uns den Schlaf.

5. Erkenntnis:
Einem Schatten gleich begleitet
uns der denkende Geist.

Dies war nicht immer so. Der denkende Geist war nicht immer so mächtig und so dominant. Ganz anders war die Situation, als wir klein waren. Wir hatten wenige und leichte Gedanken. Diese kamen und gingen, ohne Spuren zu hinterlassen, vergleichbar den Wolken am Himmel. Die Stimme ICH war schwach und durchlässig und hatte wenig Gewicht. Wir fühlten uns heiter und unbeschwert. Das Leben war hell und leicht. Wir waren offen und der Kopf war frei. Wir staunten und lebten im Augenblick. Wir freuten uns an dem, was wir vorfanden und der Alltag uns bot.

Der denkende Geist spielte keine große Rolle. Sein Einfluss war gering. Im Laufe der Jahre änderte sich dies. Wir hörten auf, wie Kinder zu sein. Wir lernten, wie die Erwachsenen zu leben und wie sie die Welt zu sehen. Im Kopf begann es mehr und mehr zu arbeiten. Die Stimme ICH wird größer und schwerer. Der denkende Geist wurde fester und mächtiger und nahm immer mehr Raum ein. In uns wurde es enger und die Welt wurde kleiner. Die Sorgen und Befürchtungen nahmen zu. Die Leichtigkeit und Unbeschwertheit kamen uns abhanden. Die Freude und das Glück gingen verloren. Ohne dass wir dies realisierten, begann der denkende Geist unser Leben zu bestimmen und sich immer wieder wie ein Schatten auf uns zu legen.

Möglicherweise ist der Eindruck entstanden, der denkende Geist sei etwas Schlechtes oder Negatives, den wir bekämpfen sollten und ausmerzen müssten. Dies ist ganz und gar nicht der Fall. Der denkende Geist ist eine Ansammlung von Gedanken, Begriffen und Erinnerungen im Bewusstsein.

Geschickt eingesetzt, können wir diesen einem Werkzeug gleich nutzen, um Ereignisse zu planen, den Alltag zu strukturieren und das Leben zu organisieren.

Das Problem ist nicht der denkende Geist. Das Problem ist unser Bezogensein auf diesen und unsere Identifikation mit diesem. Für uns steht nicht mehr das Leben, wie es ist, im Zentrum, sondern der denkende Geist und dessen Inhalt. Er hat das Sagen. Er entscheidet, was richtig und was falsch ist. Er bestimmt unser Fühlen, Denken und Handeln. Wir sehen die Welt durch seine Augen. Was er uns vermittelt, halten wir für wahr und real und nicht das, was wirklich ist. Seine Macht und sein ständiges Aktivsein lassen eine illusorische, projektive Welt entstehen, die uns von der Gegenwart abtrennt und uns vergessen lässt, wer wir wirklich sind. Unsere Aufgabe besteht nicht darin, den denkenden Geist zu bekämpfen oder gar zu verteufeln. Dies macht ihn unberechenbar und unkontrollierbar. Unsere Aufgabe ist es, mit dem denkenden Geist vertraut zu werden und über diesen hinauszugehen.

Denkanstöße:

- Worauf hörst du?
- Was steht bei dir während des Tages im Zentrum?
- Ist dies der denkende Geist?
- Welche Rolle spielt dieser?
- Wie viel Raum nimmt er ein?
- Wie steht es mit der Stimme ICH?
- Was sagt diese gerade jetzt?

Anhaften und Festklammern

Ein zentrales Merkmal des denkenden Geistes ist dessen Neigung, anzuhaften und festzuklammern. Der denkende Geist, genauer das ICH, braucht immer ein Objekt, an das es sich halten und klammern kann. Ohne Objekt kann es nicht sein. Und woran hält und klammert es sich? Es hält und klammert sich an alle Erscheinungen des Bewusstseins, wie Gedanken, Gefühle und Empfindungen, aber auch an den Körper. Gut beobachten können wir diesen Vorgang morgens, unmittelbar nach dem Aufwachen. In uns ist es still und unendlich weit. Nur das Bewusstsein in seiner reinen Form, die Essenz des Seins, ist da. Der denkende Geist existiert nicht. Dann steigt der Gedanke ICH auf, gefolgt von „ICH heiße Heinz", „ICH bin ein Mann", „ICH habe zwei Kinder", „ICH fühle mich müde", „ICH muss arbeiten gehen" und „ICH habe keine Lust dazu".

Als Nächstes kommt der denkende Geist ins Spiel und wird aktiv. Er baut Erinnerungen und Vorstellungen auf, holt alte Muster hervor, entwickelt Zukunfts-Szenarien und spult die ihm vertrauten Programme vor und zurück. Er breitet sich schlagartig aus und füllt den Raum. Bevor wir ganz wach sind, hat sich die uns bestens bekannte Alltagswirklichkeit mit all ihren Sorgen, Befürchtungen und Problemen aufgebaut und wurde die Wahrheit, die wir in uns tragen und die wir für einen ganz kurzen Augenblick wahrnahmen, zugedeckt.

Das Erkennen und Aufdecken des Anhaftens und Festklammerns des ICHs ist äußerst anspruchsvoll. Dies hat damit zu tun, dass es äußerst subtil ist, automatisch abläuft und wir uns daran gewöhnt haben. Erschwerend kommt hinzu, dass wir gelernt haben die Welt durch die Augen des denkenden Geistes zu sehen. Dies hindert uns daran, das Anhaften und Festklammern, das mit dem Auftauchen des ICHs entsteht und durch den denkenden Geist zementiert wird, zu erkennen. Nicht, dass wir nicht loslassen und das Festhalten und Anklammern nicht aufgeben möchten. Wir möchten, denn wir spüren deren Auswirkungen und leiden unter deren Folgen, doch wir wissen nicht mehr wie. Zum einen fehlt uns ein fundiertes Verständnis vom Wesen des Bewusstseins sowie ein messerscharfes Gewahrsein. Zum anderen verfügen wir über keinen alternativen Bezugspunkt wie den Zeugen, der uns ermöglicht, alles, was in unserem Bewusstsein auftaucht, aus Distanz und in Ruhe zu beobachten, mit dem denkenden Geist vertraut zu werden und das Anhaften und Festklammern aufzudecken.

Deutlich wird die Situation, in der wir uns befinden, wenn wir sagen: „ICH lasse los". Diese Aussage bringt das Dilemma anschaulich zum Ausdruck. Das ICH braucht immer ein Objekt. Es klammert und hält immer fest. Das ICH kann gar nicht loslassen. Wenn wir aktiv entspannen, wird es in uns ruhig. Wir haben mehr Raum und der Kopf wird frei. Dies ist ein angenehmer Zustand, begleitet von schönen Gefühlen. Das ICH und der denkende Geist sind jedoch immer noch da. Sie verhalten sich still und sind im Hintergrund. Das ICH hält nach wie vor fest, nur nehmen wir dies nicht mehr wahr. Würde es loslassen, wäre dies sein Ende und Untergang und dagegen wehrt es sich vehement. Hinzu kommt, dass der Begriff „loslassen" ein Konzept ist, der zum denkenden Geist gehört.

Mit dem denkenden Geist im Zentrum und uns ans ICH haltend sind wir ständig mit Sorgen, Problemen und Dramen beschäftigt und immer in Gedanken, Gefühlen und Empfindungen verstrickt. Wie sehr wir uns auch bemühen und anstrengen, wir können das Anhaften und Festhalten nicht ablegen. Solange wir uns ans ICH halten, gibt es kein Entrinnen und keinen Ausweg und wir bleiben in der illusorischen, projektiven Welt des denkenden Geistes stecken.

6. Erkenntnis:
Das ICH hält immer fest.
Es kann nicht loslassen.

Einen anderen Bereich, in dem das Anhaften und Festhalten eine zentrale Rolle spielen und wir deren Auswirkungen und Folgen zu spüren bekommen, betrifft den Körper. Wir sind es gewohnt, uns mit dem Körper zu identifizieren und diesen als die Grundlage unserer Existenz, als unser physisches und auch psychisches Zuhause, zu betrachten. „ICH bin mein Körper" ist unsere Ansicht und Überzeugung und nicht „ICH habe einen Körper". Dies ist auch der Grund, weshalb viele Personen ins Fitnessstudio gehen. Sie wollen einen schönen Körper haben, den sie gemäß ihren Vorstellungen formen oder, wie es heißt, designen.

Die Identifikation mit und das Festhalten am Körper hat weitreichende Folgen. Unsere Welt ist begrenzt und der Raum zum Leben klein. Ständig stoßen wir auf unsichtbare Grenzen und erleben scheinbar unüberwindbare Hindernisse. Die Energien, die der inneren Quelle entspringen und so wichtig für die Gesundheit und das Glück sind, werden behindert und können nicht frei fließen. Das Energieniveau bleibt tief, und die Ressourcen zu fördern, fällt uns schwer. Wir fühlen uns verletzlich und schwach, unsicher und ungeschützt. Wenn Störungen, Beschwerden und Schmerzen auftauchen, erleben wir diese schnell als Bedrohungen oder gar als Angriffe auf unsere Existenz. Wir befürchten das Schlimmste und halten es in unserem kleinen Zuhause, dem Körper, kaum aus. Der Stress und die Spannungen, die aus dem Anhaften und Festhalten am Körper erwachsen, kosten Kraft und zerren an der Substanz. Hinzu kommt, dass der Körper nicht fest und solide, sondern zusammengesetzt ist und sich verändert. Alles, was wir heute mit großer Anstrengung und viel Schweiß aufgebaut haben, kann sich morgen ändern oder auflösen.

Wünsche, Erwartungen und Hoffnungen können wir uns aus unserem Leben nicht mehr wegdenken. Sie spielen in unserem Alltag eine ganz zentrale Rolle. Sie prägen unser Denken und bestimmen unser Handeln, besonders unser Konsumverhalten. Da das Leben anders sein sollte und nicht so ist, wie wir es haben wollen, gibt es ständig etwas, das wir wünschen, erwarten oder erhoffen. Wenn das Gewünschte, Erwartete und Erhoffte eintrifft, sind wir glücklich. Das Glück ist jedoch meistens nur von kurzer Dauer. Wenn es

nicht eintrifft, sind wir enttäuscht und fühlen uns niedergeschlagen. Wünsche, Erwartungen und Hoffnungen entspringen dem denkenden Geist. Sie haben mit seinem Bestreben
nach Kontrolle und Absicherung zu tun und werden durch
das ICH und sein Anhaften und Festklammern am Leben
erhalten. Die Wünsche, Erwartungen und Hoffnungen, die
wir haben und an denen wir festhalten, treiben uns an und
lassen uns nicht zur Ruhe kommen. Wir sind ständig mit
den Gedanken in der glückverheißenden Zukunft und mit
etwas Besonderem und Außergewöhnlichem beschäftigt. Je
mehr wir wollen, erwarten und hoffen, desto gieriger und
unersättlicher werden wir. Dabei werden der denkende Geist
stärker, das ICH fester und das Anhaften und Festhalten tiefer. Unaufhaltsam geraten wir in einen Teufelskreis, der uns
schwächt, uns immer mehr von uns selber entfernt und uns
vergessen lässt, wer wir wirklich sind.

Es ist nicht die Hoffnung, die zuletzt stirbt, wie es in einer
häufig zitierten Aussage heißt, sondern das ICH.

Denkanstöße:

- Woran hältst du dich?
- Was gibt dir ein Gefühl von Halt und Sicherheit im
  Leben?
- Wie sieht es mit dem Loslassen aus?
- Gelingt dir dies und was genau musst du loslassen?
- Hast du manchmal das ungute Gefühl, dass etwas
  in dir immer festhält und gar nicht loslassen kann?

Denkpause:

Um mit dem denkenden Geist, dem ICH und dem Anhaften und Festhalten vertraut zu werden, mache es dir zur Gewohnheit, regelmäßig Pausen einzulegen, still zu werden, nach innen zu lauschen und das Bewusstsein zu ergründen. Benutze dazu die im Kapitel 3 beschriebene Übung.

Leben im Schatten

Wir können an einen anderen Ort ziehen, eine Weltreise machen, uns ein moderne Wohnung kaufen, den Beruf wechseln, eine neue Partnerin, einen neuen Partner suchen, in Pension gehen, eine Million Euro im Lotto gewinnen, auf den denkenden Geist hat dies alles keinen Einfluss. Er ist immer mit uns. Er verlässt uns nicht. Einem Schatten gleich folgt er uns auf Schritt und Tritt, wohin wir auch gehen und was immer wir auch tun. Eindrücklich erleben wir dies, wenn wir in die Ferien reisen. Wir befinden uns in einer angenehmen Umgebung, haben viel Zeit und müssen nichts. Wir lassen die Seele baumeln und lesen ein spannendes Buch. Wir genießen kulinarische Köstlichkeiten und erholen uns vom Stress und der Hektik des Alltages. Wir fühlen uns leicht und unbeschwert. Wir sind heiter und zu Späßen aufgelegt.

Der denkende Geist ist nicht etwa weg oder verschwunden. Ganz und gar nicht. Er verhält sich ruhig und ist im Hintergrund. Kaum, dass wir wieder zuhause sind und der Alltag uns hat, taucht er auf und breitet sich aus. Das geistige Karussell beginnt sich zu drehen. Der Kopf füllt sich. Wir eilen durch den Tag und sind ständig mit etwas beschäftigt. Wir stehen unter Zeitdruck und erleben Stress. Wir machen uns Sorgen und sehen überall Probleme.

Zwei Tage nach der Rückkehr aus den Ferien sind wir bereits wieder müde. Das Leben ist anstrengend, der Alltag mühsam. Wir vermissen die Freude und Leichtigkeit, die wir in den Ferien hatten, und fühlen uns unglücklich. Warum sich unser Befinden so schnell ändern kann, wissen wir nicht wirklich. Wir haben Vermutungen und Erklärungen. Wir geben dem Beruf, dem schlechten Wetter, der angespannten Wirtschaftslage, der Politik, unserem Lieblingsfußballverein, der ein wichtiges Spiel verloren hat, der Partnerin oder dem Partner oder den Kindern die Schuld.

Steht der denkenden Geist im Zentrum, verfügen wir über keine stabile, tragfähige Grundlage, der wir vertrauen und auf die wir bauen können. Wir sind unsicher und im Ungewissen. Wir wissen nie, was alltägliche Situationen, der Stress im Beruf, die lauten Nachbarn, die Kinder, die Partnerin oder der Partner, das Wetter und die Nachrichten im Fernseher in uns auslösen. Wir sind gelassen und die Ruhe selbst. Wir gehen souverän mit Störungen um und nichts kann uns aus der Fassung bringen. Einen Augenblick später ändert sich unser Befinden. Wir sind durcheinander und aufgewühlt. Wir haben viele schwere Gedanken und starke unangenehme Gefühle. Wir sind verwirrt und stehen neben den Füßen. Wir haben Angst, die Kontrolle zu verlieren und dem Leben nicht gewachsen zu sein. Manchmal legt sich das Ganze schnell wieder. Wir sind erleichtert und froh, wenn alles ausgestanden ist und es uns wieder gutgeht. Manchmal dauert der angespannte Zustand längere Zeit an und in uns macht sich eine Verkrampfung breit. Obwohl wir versuchen, uns zu beruhigen und wir uns gut zureden, gelingt es uns nicht, loszulassen und die Verkrampfung aufzulösen. Der Druck auf der Brust wird stärker und die Atmung geht schwerer. Wir sind blockiert und können nicht mehr klar denken. Die Sorgen und Ängste nehmen zu und der Schatten, der sich auf uns gelegt hat, wird dunkler.

7. Erkenntnis:
Es führt kein Weg
um den denkenden Geist herum.

Nicht der Beruf, nicht das Wetter, nicht die Nachbarn, nicht die Weltlage, nicht die politische Situation, nicht das verlorene Spiel unseres Lieblingsvereines, nicht die Partnerin, der Partner und auch nicht die Kinder sind dafür verantwortlich, dass wir im Stress sind, unter Druck stehen, einen vollen Kopf haben, nicht zur Ruhe kommen, schlecht schlafen, müde und angespannt sind und uns unglücklich fühlen. Verantwortlich dafür sind nicht die Dinge der Außenwelt, sondern der denkende Geist, das ICH und das Anhaften und Festklammern.

Wir können dem denkenden Geist nicht ausweichen! Wir können ihn ignorieren, bekämpfen oder verdrängen. Er ist immer noch da. Er lässt sich nicht abwimmeln. Es gibt kaum einen Augenblick, in dem er nicht wertet, urteilt und zweifelt. Es gibt kaum eine Situation, in der er nicht festhält, klammert und abwehrt. Statt mit dem denkenden Geist vertraut zu werden und über diesen hinauszugehen, stellen wir diesen ins Zentrum und bauen unser Leben um diesen herum auf. Obwohl die Sorgen und Befürchtungen kein Ende nehmen, wir wieder und wieder in dieselben Schwierigkeiten und Dramen geraten und wir das Glück nirgends finden können, machen wir weiter wie eh und je und ändern unsere Lebensweise nicht.

Das Problem, und dies zu verstehen ist wichtig, ist nicht der denkende Geist. Das Problem ist, dass wir uns nie wirklich mit diesem befasst haben und wir diesen, obwohl er uns auf Schritt und Tritt begleitet, kaum kennen. Er ist uns fremd. Wir wissen wenig über ihn. Wir lassen ihn gewähren, versuchen uns mit unserer Situation zu arrangieren und hoffen, dass sich alles auf wundersame Weise an einem schönen Tag zum Guten wenden wird. Dem ist jedoch nicht so.

Das, worauf wir uns beziehen und was wir nähren, wird groß und mächtig. Und da wir uns auf den denkenden Geist beziehen und diesen tagaus, tagein nähren, wird sein Einfluss stärker und nimmt seine Macht zu. Um frei und glücklich zu sein, müssen wir nach innen schauen, ins Bewusstsein eintauchen, dieses ergründen und uns an die innere Quelle halten. Dies ist der einzige Weg, um die Umklammerung des denkenden Geistes abzulegen und seinen langen Schatten, der nicht von unserer Seite weicht, hinter uns zu lassen. Alle Wege, bei denen das Ergründen des Bewusstseins kein

Thema ist und die Ausrichtung nicht auf der inneren Quelle liegt, halten am denkenden Geist und dem ICH fest. Statt zu helfen, uns aus der Umklammerung zu befreien und den Schatten aufzulösen, lassen sie uns im Kreise drehen und bleiben wir in Befürchtungen und Dramen stecken.

Übung:

Setze dich auf einen Stuhl oder mache es dir auf einer festen Unterlage bequem. Atme einige Male ein und aus und entspanne, wie an anderer Stelle beschrieben. Wenn du offen und gelöst bist, gehe dazu über, den denkenden Geist zu ergründen.

Wie erlebst du diesen im Augenblick? Eng oder weit, angespannt oder locker, ruhig oder wild, dumpf oder wach, klar oder trüb, wohlwollend oder fordernd? Womit beschäftigt sich dieser jetzt gerade? Welches sind seine Lieblingsthemen?

Untersuche auch, welchen Einfluss die Gedanken, die dir durch den Kopf gehen, auf dein Denken, Fühlen und Handeln haben. Bist du mit dem Inhalt des denkenden Geistes vertraut geworden, gehe einen Schritt weiter und erforsche den denkenden Geist selber. Wo hält sich dieser jetzt gerade auf? Gibt es einen lokalisierbaren Ort? Woraus besteht er? Und was genau ist der denkende Geist?

Meine Erfahrungen

Der denkende Geist war für mich lange Zeit überhaupt kein Thema. Ich wusste gar nicht, dass es ihn gab. In psychologischen Büchern las ich viel über das Ego und seine Bedeutung für eine gesunde Entwicklung und eine stabile Persönlichkeit. Die Theorien und Konzepte waren zwar interessant und faszinierend, doch ich hatte Mühe, diese umzusetzen und im Alltag anzuwenden. Sie halfen mir nur beschränkt, mich und mein Verhalten besser zu verstehen und Ruhe und Gelassenheit zu finden. Erst als ich den spirituellen Weg beschritt, zu meditieren begann und das Bewusstsein ergründete, stieß ich auf den denkenden Geist und lernte ich diesen wirklich kennen. Zu Beginn war dieser für mich diffus, nebulös und nur schwer fassbar. Er war zwar da, doch ich bekam ihn nicht zu Gesicht. Nach und nach wurde ich mit diesem mehr vertraut und begann ich den Einfluss, den er auf das Fühlen, Denken und Handeln ausübt, und die Macht, die er besitzt, zu erkennen. Erst jetzt verstand ich, weshalb mein Leben instabil und ich unausgeglichen war und sich mein Befinden scheinbar grundlos so schnell ändern konnte. Ich war sehr erleichtert, denn ich war in der Lage, mein Leben neu auszurichten und die Welt mit anderen Augen zu sehen. Das Tappen im Dunkeln ließ nach, der Stress legte sich und die Dramen nahmen ab. Der dunkle Schatten, der mich ständig begleitete und dem etwas Schweres anhaftete, wurde leichter und heller.

Eigene Erfahrungen

5.

DER DENKENDE GEIST
UND DIE LIEBE

„Wenn wir der Wahrheit näher kommen,
ist Angst eine natürliche Reaktion."
PEMA CHÖDRÖN

Irene ist fünfunddreißig Jahre alt und ausgebildete Juristin. Sie lebt mit ihrem Freund zusammen, den sie seit fünf Jahren kennt. Ihr Freund ist Mathematiker und hat eine leitende Position in einer Informatikfirma. Sie genießen es, Zeit miteinander zu verbringen, zu diskutieren, zu debattieren und über politische Themen, welche die Welt bewegen, zu philosophieren. Irene hat eine interessante und abwechslungsreiche Arbeit auf einer Bank, bei der sie sich weiterbilden und viel Neues lernen kann. Irene geht es gut. Sie ist gesund und fühlt sich körperlich wohl. Sie meistert den Alltag und kann die anstehenden Probleme gut bewältigen. Irene hat eine Freundin, die sie seit dem Studium kennt und mit der sie regelmäßig Zeit verbringt. Ihre Freundin arbeitet bei einer Versicherung, die international tätig ist und ihr die Möglichkeit bietet, Reisen ins Ausland zu unternehmen. Ihre Freundin ist attraktiv, intelligent und allseits beliebt.

Sie treibt regelmäßig Sport, pflegt ihr Hobby, das Reiten, und ist viel unterwegs. Obwohl es ihr an nichts mangelt und sie ein ausgefülltes Leben hat, fühlt sie sich unglücklich. Sie lebt alleine und wünscht sich eine feste Beziehung.

Um Männer kennen zu lernen, geht sie regelmäßig aus und ist auch auf einer Internetplattform angemeldet. Wenn sie einen neuen Mann getroffen und Zeit mit ihm verbracht hat, dauert es meistens nicht lange, bis sie sich Hals über Kopf verliebt. Sie ist überglücklich und blüht auf. Sie fühlt sich wie im Siebten Himmel. Sie sprüht vor Freude und Lebendigkeit. Sie ist voller Energie und könnte die ganze Welt umarmen. Für Irenes Freundin dreht sich alles nur noch um den Mann, die Beziehung und die erwachte Liebe. Sie schmiedet Pläne, möchte mit dem Mann zusammenziehen, gemeinsam auf Reisen gehen und träumt von einer Zukunft mit einer eigenen Familie. Meistens jedoch dauert dieser Zustand nur zwei bis drei Monate. Dann flachen die Verliebtheit und die schönen Gefühle aus unerklärlichen Gründen ab und sind die Pläne und Träume verflogen. Sie ist ratlos und enttäuscht. Sie fühlt sich verzweifelt und niedergeschlagen. Sie versteht nicht, wie sich ihr Befinden so schnell ändern kann und weshalb von dem erfüllten und glücklichen Zustand nichts mehr übrig ist.

Da sie die Verzweiflung und Enttäuschung kaum aushält, macht sie ihrem Partner Vorwürfe und gibt ihm die Schuld für alles. Sie wirft ihm vor, sich zu wenig für die Beziehung zu engagieren und sie zu wenig zu lieben. Ihr Partner, der sich bedrängt und angegriffen fühlt, verteidigt sich und

macht ihr Vorwürfe. Es kommt zu Konflikten und emotiona-
len Verletzungen, welche das Vertrauen untergraben und die
Beziehung erschüttern. Da sie untröstlich ist und keinen Aus-
weg sieht, trennt sie sich von ihrem Partner und ist wieder
alleine. Sie zieht sich in ihre vier Wände zurück und möchte
in Ruhe gelassen werden. In ihrem Kopf dreht sich alles. Sie
kann kaum mehr abschalten. Sie analysiert die Beziehung
vor und zurück. Die Fragen nach dem Warum und Weshalb
nehmen kein Ende, die Zweifel und Verunsicherung werden
größer. Sie glaubt, versagt zu haben und nicht beziehungs-
fähig zu sein. Sie fühlt sich minderwertig und nicht liebens-
wert. Sie ist der Überzeugung, dass sie nicht hübsch und
nicht attraktiv sei. Obwohl es ihr nicht gutgeht, sie in Not
ist und nicht mehr richtig schlafen kann, ist sie nicht bereit,
professionelle Hilfe in Anspruch zu nehmen.

Irene, die mit ihrer Freundin leidet, unterstützt sie und
steht ihr in diesen schwierigen Stunden jeweils bei. Dies ist
jedoch nicht immer einfach. Wenn sie sich in ihrer Wohnung
treffen, ist ihre Freundin bedrückt und niedergeschlagen.
Sie fühlt sich traurig und muss immer wieder weinen. Für
ihre Freundin sind alle Hoffnungen und Wünsche gestorben
und ist die Welt einem Kartenhaus gleich zusammengebro-
chen. „Ohne einen Partner, mit dem ich eine gemeinsame
Zukunft habe und ein neues Leben aufbauen kann, macht
das Dasein keinen Sinn. Das Alleinsein und vor allem die
Leere, die ich in mir habe, sind unerträglich", sagt sie mit
Schmerz und Bitterkeit in der Stimme. Ihre Freundin isst
nicht mehr richtig und nimmt ab. Sie hat Mühe aufzustehen
und sich bei der Arbeit zu konzentrieren. „Mit dem Partner

war ich so erfüllt und so glücklich. Ich fühlte mich so leicht und so unbeschwert. Ich spürte eine so tiefe Liebe in meinem Herzen. Nun, wo ich wieder alleine bin, ist alles dunkel, leer und hoffnungslos", erzählt sie.

Irene versucht sie zu beruhigen und zu trösten. Sie nimmt sie in die Arme und redet ihr gut zu. Da die Stimmung gedrückt und schwer ist und eine räumliche Veränderung sowie frische Luft ihnen guttun, schlägt Irene nach einer gewissen Zeit vor, hinauszugehen. Sie fahren an einen stillen Ort draußen in der Natur, wo es hell und warm ist, sie ungestört sind und über alles sprechen können. Im Verlaufe des Gespräches beruhigt sich ihre Freundin und beginnt alles mit anderen Augen zu sehen. Die Hoffnungslosigkeit, Verzweiflung und die Trauer legen sich. Ihre Stimmung hellt sich auf. Sie fühlt sich gestärkt und ist zuversichtlich. Erleichtert und froh über die positive Wende machen sie einen kleinen Spaziergang. Anschließend gehen sie in ein nahegelegenes Restaurant, trinken Kaffee und essen etwas Süßes. Beim Abschied geht es Irene sichtlich besser. Sie drückt ihre große Dankbarkeit darüber aus, dass Irene für sie da ist und sie eine so gute Freundin hat, der sie vertrauen und auf die sie zählen kann.

Die Begegnung mit ihrer Freundin und das, was sie ihr erzählte, machen Irene betroffen und stimmen sie nachdenklich. Da sie Zeit für sich braucht und alleine sein möchte, um über alles nachzudenken und das Erlebte zu sortieren, geht sie nicht nach Hause, sondern unternimmt einen längeren Spaziergang. Während sie ruhigen Schrittes einem

Feldweg entlangläuft, gehen ihr viele Gedanken durch den Kopf: „Ich bin wirklich gerne mit meiner Freundin zusammen. Ich schätze sie sehr. Sie ist ein feiner Mensch. Sie ist die Freundin, die ich am besten kenne und die mir am nächsten steht. Sie tut mir so leid, wenn sie leidet und sich elend fühlt. Dies mitzuerleben ist schwer zu ertragen. Es bricht mir jeweils beinahe das Herz". Irene fragt sich, weshalb ihre Freundin wieder und wieder dasselbe Drama erleben muss und was die Gründe dafür sind, dass es nicht klappt mit den Männerbeziehungen und der Liebe. „Sie sieht gut aus und ist attraktiv. Sie ist intelligent und belesen. Sie ist selbständig und tritt selbstbewusst auf. Sie hat eine eigene Meinung und weiß, was sie will", überlegt sich Irene. Und trotzdem, sinniert Irene weiter, scheitert sie immer wieder und schafft es einfach nicht, einen Partner zu finden, mit dem sie eine stabile Beziehung aufbauen und glücklich sein kann.

Zu Hause, beim Abendessen, spricht Irene mit ihrem Mann über das Erlebte und ihre Freundin. Dieser hört ihr geduldig zu, ist selber aber ziemlich ratlos und versteht das Ganze nicht. Er hat Mühe, nachzuvollziehen, weshalb es bei ihrer Freundin, die gut aussieht und attraktiv ist, nicht klappt mit der Liebe und einer festen Beziehung. Da die Situation ihrer Freundin Irene beschäftigt, spricht sie auch mit anderen Freundinnen darüber. Dabei erhält sie alle möglichen Antworten und Erklärungen. Die einen meinen, dass ihre Freundin nicht bereit sei, sich auf eine feste Beziehung einzulassen. Andere glauben, es habe mit unrealistischen Erwartungen oder Angst vor Kontrollverlust zu tun. Und wieder andere sprechen von Schicksal und Vorbestimmung. Irene ist mit den Antworten und Erklärungen, die sie erhält, nicht zufrieden. Für sie ist klar, dass es mit etwas anderem zu tun haben muss. Womit, das kann sie nicht sagen und weiß sie nicht.

An einem freien Nachmittag geht Irene in die Stadt und macht Einkäufe. Sie hat Zeit und ist nicht in Eile. Auf dem Weg zum Bus kommt sie an einer Buchhandlung vorbei und entscheidet sich, hineinzugehen. Sie hat nicht die Absicht, ein bestimmtes Buch zu kaufen, sondern möchte einfach nur rumstöbern. Während sie von Regal zu Regal schlendert und ein Buch nach dem anderen in die Hand nimmt und darin blättert, stößt sie auf ein Buch mit dem Titel „Überzeugungen, Glaubenssätze und deren Auswirkungen". Irene liest den Klappentext und ist fasziniert. Sie kauft es, geht nach Hause und beginnt zu lesen. Überzeugungen und Glaubensätze, steht im Buch geschrieben, spielen eine zentrale Rolle in unserem Leben. Sie beeinflussen unser Fühlen, Denken und Handeln. Oft, so wird dargelegt, wissen wir nichts über die Überzeugungen und Glaubensätze, die wir mit uns tragen und nach denen wir leben. Da sie im Verborgenen liegen und uns nicht bewusst sind, erkennen wir nicht die Macht und den Einfluss, den sie auf uns ausüben. Obwohl wir uns bemühen, ein gutes Leben zu führen, und glücklich sein möchten, kommen uns die Überzeugungen und Glaubensätze Mal für Mal in die Quere. Sie untergraben das Glück, sabotieren die Liebe und führen zu nicht enden wollenden Dramen. Zum ersten Mal hat Irene eine Antwort, die Sinn macht und die ihr hilft, die Situation ihrer

Freundin besser zu verstehen. Irene, die vom Gelesenen beeindruckt ist, möchte das Buch ihrer Freundin unbedingt zum Lesen geben.

DAS GROSSE DILEMMA

Wir alle möchten ein erfülltes Leben führen, zufrieden und glücklich sein. Dazu gehören nicht nur eine gute Gesundheit, Freunde, die uns verstehen und mit denen wir es gut haben, Zugehörigkeit zu einer Gemeinschaft von Gleichgesinnten, eine Arbeit, die wir gerne machen, und Aufgaben, aus denen wir Kraft und Inspiration schöpfen, sondern auch eine stabile, verbindliche Beziehung zu einem Partner, einer Partnerin.

Beziehungen sind für unsere gesamte psychophysische Entwicklung und unser Wohlergehen von zentraler Bedeutung. Wir sind aus einer Beziehung hervorgegangen und getragen von der Fürsorge und Liebe unserer Eltern aufgewachsen. Unterstützt durch Beziehungen zu uns nahestehenden Menschen, haben wir uns weiterentwickelt und sind wir zu der Person geworden, die wir heute sind.

In Beziehungen haben wir Grundlegendes gelernt und Wichtiges über das Leben und den Sinn des Daseins erfahren. Uns wurden Werte, Überzeugungen und Glaubenssätze vermittelt und Verhaltensweisen, Rollen und Funktionen beigebracht. Diese helfen uns, uns zu orientieren, im Leben zurechtzukommen und den Alltag zu bewältigen. Beziehungen haben uns nachhaltig beeinflusst und das Bewusstsein tief geprägt. Alles, was wir gehört, erlebt und aufgenommen haben, hat Eindrücke und Spuren in uns hinterlassen und sich im denkenden Geist niedergeschlagen. Aus diesen Eindrücken und Spuren bildeten sich Vorlieben und Abneigungen, Muster und Gewohnheiten, Vorstellungen und Überzeugungen. Beeinflusst durch die Erfahrungen, die wir während des Aufwachsens gemacht haben, entwickelte sich eine Sicht- und Lebensweise, die wir verinnerlicht haben und an die wir uns heute halten.

In den Beziehungen zu den uns nahestehenden Mitmenschen erleben wir Lustiges, Schönes und Berührendes, aber auch Schwieriges, Trauriges und Schmerzhaftes. Oft braucht es wenig, wie ein harsches Wort oder eine kritische Bemerkung, dass es zu Missstimmungen kommt, Spannungen sich aufbauen und Konflikte entstehen. Wir fühlen uns unverstanden und nicht wahrgenommen, übergangen und zurückgewiesen. Wir sind aufgebracht und durcheinander. Wir werden ungehalten und reagieren emotional. Wir beleidigen und greifen unseren Partner, unsere Partnerin mit Worten an. Wenn wir uns wieder beruhigt haben und klar sehen, befällt uns ein schlechtes Gewissen und fühlen wir uns elend. Uns tut das Ganze unsäglich leid.

Obwohl wir uns bemühen, unseren Partner, unsere Partnerin zu achten und zu lieben und es unser tiefster Wunsch ist, in Frieden zusammenzuleben, ist dies nicht immer leicht oder gar einfach. Entgegen unseren guten Vorsätzen und wohlgemeinten Absichten kann es wegen Nichtigkeiten zu Unstimmigkeiten kommen, die Störungen verursachen und emotionale Verletzungen hervorrufen. In solchen Momenten fällt es uns schwer, ruhig zu bleiben und unser Herz nicht zu verschließen. „Das lasse ich mir nicht bieten! So lasse ich mich von niemandem behandeln! Was glaubst du überhaupt, wer du bist!", tönt es in unserem Kopf, während die Emotionen drohen überzukochen. Wir müssen uns ganz bewusst zurückhalten, um nicht anzugreifen und unser Gegenüber verbal zu attackieren. Weshalb kommt es zu solch unschönen Situationen? Weshalb sind wir nicht einfach nur glücklich mit unserem Partner, unser Partnerin? Was hindert uns daran, offen zu sein und in Frieden zusammen zu leben? Spielen die Hormone eine Rolle?

Liebe und Beziehungen

Bezüglich der Liebe gibt es ein großes Missverständnis, das es zu klären und auszuräumen gilt. Die Liebe ist nichts Abgehobenes, Romantisches oder Mystisches. Sie hat nichts mit „Schmetterlinge im Bauch haben", mit Herzklopfen, mit verzückten Gefühlen oder mit ekstatischen Vorkommnissen zu tun. Dies ist Verliebtheit, ein instabiler Zustand, der kommt und wieder vergeht. Die Liebe ist etwas völlig anderes. Sie ist die Energie des Lebens, die dem Herzen entspringt und immer mit uns ist. Sie ist die Essenz des Seins, die immer fließt und uns mit allem, ohne dass wir etwas dafür tun müssen, verbindet.

Die Liebe ist an nichts gebunden und gehört niemandem. Sie ist frei von Vorstellungen, Wünschen und Erwartungen.

Sie kennt keine Grenzen und keine Hindernisse. Sie überschreitet die Dimensionen von Raum und Zeit. Die Liebe schließt nichts und niemanden aus. Sie umfasst alles, beinhaltet alles und liegt allem, dem Wohlergehen, dem Glück und dem Frieden, zu Grunde.

Das Problem mit der Liebe ist, dass wir dies nicht so sehen und wir ihr Wesen, das, was sie wirklich ist, falsch verstehen. Für uns ist die Liebe etwas Privates und Persönliches, etwas, das uns gehört, über das wir verfügen und bestimmen. Wir sind zurückhaltend und wählerisch mit der Liebe. Wir geben sie denen, die uns nahestehen, die wir mögen und die uns wohlgesinnt sind. Im Gegenzug erwarten wir, dass diese dasselbe tun und uns ihre Liebe schenken. Tun sie dies, sind wir glücklich. Tun sie dies nicht, sind wir enttäuscht und fühlen uns verletzt.

Für uns steht die Liebe nicht für sich selber, als eigenständige, unabhängige Lebensenergie, die wir in uns tragen und die uns immer zur Verfügung steht. Geprägt durch unsere Sichtweise sind wir der Überzeugung, die Liebe liege in der Außenwelt, hänge von einer anderen Person oder anderen Personen ab und sei durch Aussehen, Leistung oder Geld zu erlangen. In unserer Unwissenheit machen wir uns auf, das Vermisste, die Liebe, zu suchen und im Gegenüber zu finden. Dadurch, dass wir nicht mehr in uns selber ruhen, sondern mit unserer Aufmerksamkeit beim Gegenüber sind, laufen wir Gefahr, uns zu verlieren, uns zu verstricken, und so beginnen die Probleme. Es kommt zu Abhängigkeiten und Missverständnisse treten auf. Wir erleben

Zurückweisung und Ablehnung. Wie sehr wir uns auch bemühen und suchen, das Gesuchte, die Liebe, finden wir in keiner Beziehung, bei keiner Partnerin und bei keinem Partner. Die Quelle der Liebe, und dies übersehen wir, liegt nicht außerhalb, sondern in uns. Wenn wir nicht loslassen und zu uns selber zurückkehren, geraten wir leicht in einen verhängnisvollen Teufelskreis, der uns schwächt, die negativen Gefühle anwachsen lässt und den Kontakt erschwert, wenn nicht gar unmöglich macht.

8. Erkenntnis:
Die Liebe ist an nichts gebunden.
Sie ist immer mit uns.

Das Dilemma, in dem wir uns befinden, und die Probleme, in die hinein wir geraten, haben nichts mit dem Herzen und der Liebe zu tun. Die Liebe liegt jenseits von Wünschen, Erwartungen und Hoffnungen. Sie verursacht weder emotionale Verletzungen, Spannungen noch Konflikte. Das Dilemma hat mit dem denkenden Geist zu tun, die Probleme werden durch ihn geschaffen. Der denkende Geist möchte festhalten, kontrollieren und absichern. Alles, was sich bewegt, ausdehnt und fließt, stellt eine Gefahr dar und bedroht ihn. Mit der Liebe, die ihrem Wesen nach Energie ist und weder festgemacht noch kontrolliert werden kann, kann der denkende Geist nicht umgehen. Er kann sie nicht fassen, nicht festmachen und nicht kontrollieren. Obwohl er sagt, er wolle geliebt werden und er brauche Liebe, ist sie für ihn eine latente Bedrohung und ständige Gefahr. Deshalb unternimmt er alles, um seine Position zu festigen und seinen Einfluss zu vergrößern. Je mächtiger der denkende Geist ist, desto weniger Raum hat die Liebe. Sie wird zugedeckt und am Fließen gehindert. Sie wird zu einer Wunschvorstellung und gerät in Vergessenheit.

Wenn wir uns verlieben, geschieht etwas Wunderbares: Die Quelle der Liebe, das Herz, das im Dunkeln lag, wird geweckt. Es tritt hervor und öffnet sich. Die Energie des Lebens, die Liebe, beginnt zu fließen, sich auszudehnen und aus voller Kraft zu strahlen. Wir fühlen uns erfüllt und überglücklich – wir blühen auf und sind im Siebten Himmel. Alles ist leicht und alles ist einfach. Der denkende Geist ist nicht verschwunden oder hat sich gar aufgelöst. Er befindet sich im Hintergrund. Da die Liebe im Zentrum steht und den Raum ausfüllt, sind seine Macht und sein Einfluss gering. Mit der Energie des Lebens, der Liebe, nicht vertraut und nicht gewohnt, in diesem erfüllten und glücklichen Zustand zu verweilen, tauchen früher oder später Bedenken, Misstrauen und Zweifel auf. „Es ist so schön. Ich fühle mich überglücklich. Aber ist dies wirklich wahr? Habe ich dies verdient? Steht mir dies zu? Was muss ich dafür tun? Wird es auch dauern?", tönt es in unserem Kopf. Dies ist der denkende Geist, der sich bemerkbar macht. Er beginnt einzugreifen und mehr Platz einzunehmen. Die Liebe, die ihn bedroht und seine Position gefährdet, wird mehr und mehr gebremst, abgeschwächt und zugedeckt.

Eine zentrale Rolle spielen dabei Glaubenssätze und Überzeugungen, welche die Bedenken vermehren, das Misstrauen stärken und die Zweifel nähren. Wenn es uns ernst ist mit der Liebe, wir eine glückliche Beziehung führen und uns nicht mit einem Arrangement begnügen wollen, müssen wir uns mit dem denkenden Geist befassen, unsere Überzeugungen und Glaubenssätze aufdecken und uns von diesen verabschieden.

Überzeugungen und Glaubenssätze

Es gibt unterschiedliche Arten von Überzeugungen und Glaubenssätzen. Mit den einen sind wir bestens vertraut. Wir verwenden sie tagaus, tagein. Sie sind uns geläufig und bekannt. In Diskussionen drücken wir unsere Überzeugungen zu aktuellen Themen wie der Politik, der Wirtschaft und der Weltlage aus. In Gesprächen mit Gleichgesinnten teilen wir unsere Glaubenssätze über den Sinn des Lebens, die Religion oder die Spiritualität mit. Diese Überzeugungen und Glaubenssätze sind nicht das Problem. Sie sind uns bewusst. Wir kennen sie. Wenn wir eines Besseren belehrt werden, sind wir auch bereit, sie aufzugeben und durch solche, die mehr zutreffen, zu ersetzen.

Das Problem sind die subtilen Überzeugungen und Glaubenssätze, die im Dunkeln liegen und uns nicht vertraut sind. Als kraftvolle Eindrücke, die nur schwer fassbar sind, haben sie eine nachhaltige Wirkung auf das gesamte Dasein. Sie beeinflussen unsere Sicht- und Lebensweise und prägen unser Verhalten und Handeln. Zu spüren bekommen wir sie meistens nicht direkt, sondern indirekt, und zwar in all jenen Situationen, in denen wir einfache Dingen nicht auf die Reihe kriegen, uns im Kreise drehen, aus unerklärlichen Gründen scheitern und Mal für Mal in dieselben Konflikte geraten. Obwohl unsere Vorsätze gut und unsere Absichten positiv sind, kommen sie uns in die Quere und hindern uns daran, die sich wiederholenden Schwierigkeiten hinter uns zu lassen und aus emotionalen Dramen auszusteigen. Was ganz entscheidend ist, sie sind maßgeblich dafür verantwortlich, dass die innere Quelle, das Herz, zugedeckt bleibt, die Liebe nicht frei fließen kann und wir uns unglücklich und einsam fühlen.

9. Erkenntnis:
Wir werden, was wir glauben
und woran wir festhalten.

Wie aber können wir die subtilen, schwer fassbaren Überzeugungen und Glaubenssätze aufdecken und mit ihnen vertraut werden? Was benötigen wir dazu? Wir müssen wach und achtsam sein und ein Gespür dafür entwickeln, wenn sie sich im Alltag bemerkbar machen. Sie tauchen vor allem dann auf, wenn wir emotional werden, aufgebracht sind und der denkende Geist ins Spiel kommt. Auch wenn das Herz sich öffnet und die Liebe erwacht, können sie aktiviert und an die Oberfläche gespült werden.

Nachstehend sind einige typische Beispiele aufgeführt. Zu ihren wesentlichen Merkmalen gehört, dass sie Bedenken auslösen, Zweifel sähen, Misstrauen verbreiten, zu Verunsicherungen führen, den Erfolg sabotieren, das Glück untergraben, den inneren Frieden stören und die Liebe behindern.

Beispiele:
- Ich werde nie Erfolg haben.
- Es hat alles keinen Sinn.
- Ich kann niemandem vertrauen.
- Ich werde immer einsam sein.
- Ich bin nicht liebenswert.
- Ich werde immer unglücklich bleiben.
- Ich werde die Liebe nie finden.

Aber auch:
- Ich habe mir die Liebe anders vorgestellt.
- Vom Glück habe ich mehr erwartet.
- Ich bin enttäuscht.
- Es läuft zu wenig.
- Es ist langweilig.
- Es bringt alles nichts.

Wenn sich Überzeugungen und Glaubenssätze mit diesem Inhalt und dieser Qualität bemerkbar machen und der denkende Geist ins Spiel kommt, ändert sich unser Befinden schlagartig. Er hält an ihnen fest, baut sie auf und projiziert sie nach außen, auf die Umwelt. Dadurch entsteht eine verzerrte, dunkle Wirklichkeit, die wir für wahr und real halten und auf die wir reagieren. Von Bedenken, Zweifeln und Misstrauen getrieben, verlieren und verstricken wir uns immer mehr und geraten immer tiefer in Schwierigkeiten. In unserer Verwirrung und Unwissenheit machen wir das genaue Gegenteil von dem, was wir möchten und in unserem Herzen spüren: Wir bekämpfen das Glück und weisen die Liebe zurück. Meistens braucht es längere Zeit, bis wir uns wieder gefangen haben und klar sehen können. Das Tragische am Ganzen ist, dass die Spannungen, Konflikte und emotionalen Verletzungen, die dabei entstanden sind, Spuren hinterlassen und uns negativ beeinflussen. Wir haben mehr Mühe, loszulassen und uns zu öffnen. Wir sind vorsichtig und es fällt uns schwer, dem Leben zu vertrauen.

Übung:

Setze dich auf einen Stuhl oder mache es dir auf einer festen Unterlage bequem. Danach atme einige Male ein und aus und entspanne, wie an anderer Stelle beschrieben. Wenn du offen und weit bist und Ruhe in dir eingekehrt ist, schaue nach innen und beginne, dich mit den subtilen Überzeugungen und Glaubenssätzen vertraut zu machen. Um diesen auf die Spur zu kommen, kannst du alle jene Situationen genauer unter die Lupe nehmen, in denen du dich im Kreise drehst, du Mal für Mal in dieselben Probleme gerätst, du aus unerklärlichen Gründen scheiterst, das Glück dir abhanden kommt und die Liebe behindert wird. Schaue genau hin und ergründe, was dir in die Quere kommt, was dahintersteckt und was für das Entstehen der sich wiederholenden Schwierigkeiten und Dramen verantwortlich ist.

Meine Erfahrungen

Dass Überzeugungen und Glaubenssätze bedeutungsvoll sind und einen starken, nachhaltigen Einfluss auf das Leben ausüben, war mir immer bewusst. Als schwer fassbare Störungen, die mich immer wieder behinderten, das Glück sabotierten und die Liebe beeinträchtigten, bekam ich sie im Alltag oft hautnah zu spüren. Sowohl in der Psychotherapie wie auch auf dem spirituellen Weg befasste ich mich eingehend mit ihnen. Da sie im Dunkeln lagen und ein Eigenleben führten, zu dem ich keinen Zugang hatte, war es für mich anfänglich nicht möglich, sie zu erkennen und mit ihnen vertraut zu werden.

Dies änderte sich, als in mir die Kundalini erwachte. Gemäß der tantrischen Lehre ist sie eine Kraft, die wir alle in uns tragen, die am unteren Ende der Wirbelsäule ruht und die als schlafende zusammengerollte Schlange dargestellt wird. Die Erfahrung mit der Kundalini, vor allem das Auftauchen dieser unbändigen, intensiven Kraft, die sich schlagartig und mit geballter Macht ausdehnt, war sehr anspruchsvoll und überforderte mich zu Beginn vollständig. Ich war durcheinander und verwirrt. Ich hatte Angst, unterzugehen und den Halt im Leben zu verlieren. Ich brauchte längere Zeit, um mich dem Ansturm der Energie, die mich überflutete und die vor nichts Halt macht, zu öffnen und den Prozess, den ich nicht fassen konnte, zuzulassen. Die Erfahrung mit der Kundalini hatte weitreichende Auswirkungen. Tiefsitzende, subtile Spannungen, die sich in meiner Brust niedergeschlagen hatten und wie ein fein-maschiges Gewebe mein Herz umschlossen, begannen sich bemerkbar zu machen. Mit dem Zulassen und Annehmen der Spannungen tauchten die dahinterliegenden, subtilen Überzeugungen und Glaubenssätze auf. Dadurch dass ich mit ihnen vertraut wurde, gelang es mir, sie anzunehmen und nach und nach aufzugeben. Von einer schwer fassbaren Umklammerung, die sich in meiner Brust festgesetzt hatte und die Atmung behinderte, befreit, bekam ich mehr Raum und nahm die Energie der inneren Quelle zu. In meinem Körper wurde es wärmer und in mir heller und leichter.

Eigene Erfahrungen

6.

STAUNEN UND SEINE
HEILSAME WIRKUNG

„Und wenn ihr euch das Staunen erhalten könntet über
die täglichen Wunder eures Lebens, so wäre euer Schmerz
nicht weniger erstaunlich als eure Freude. Denn dann würdet
ihr die vier Jahreszeiten eures Herzens so annehmen, wie ihr
die Jahreszeiten annehmt, die über eure Felder ziehen."

KHALIL GIBRAN

Alice studierte Soziologie, hat einen Freund und lebt in einer Wohngemeinschaft. Seit über fünf Jahren hat sie eine Stelle in einem Büro der städtischen Behörde. Die Arbeit, die sie im Anschluss an das Studium fand und ihr lange Zeit gut gefiel, macht ihr mehr und mehr zu schaffen. Alice verbringt Stunden vor dem Computer. Sie beschäftigt sich tagaus, tagein mit Zahlen, Statistiken und Berichten. Die Arbeit ist ihr zu monoton und zu einseitig geworden. Sie möchte etwas Sinnvolleres tun, etwas, das sie erfüllt und ihr Freude bereitet.

Abends, nach einem langen Arbeitstag, ist sie häufig unzufrieden und aufgekratzt. Das Gedankenkarussell dreht sich, der Kopf ist übervoll. Sie hat Mühe, die Arbeit loszulassen und zur Ruhe zu kommen. Sie fühlt sich getrieben und weiß oft nicht, was sie mit sich und der freien Zeit anfangen soll. Alice kann gut einschlafen, wacht nachts jedoch regelmäßig auf. Während ihr Freund neben ihr liegt und tief und fest schläft, ist sie wach und starrt an die Decke. In ihrem Kopf arbeitet es unablässig. Sie fragt sich jeweils, was das Ganze soll, wie lange sie diese Arbeit noch weiter machen will und was sie mit ihrem Leben anfangen möchte.

Seit einem Jahr plagen Alice gesundheitliche Beschwerden. Als Kind hatte sie Asthma, gegen das sie in ärztlicher Behandlung war. Dank medikamentöser Unterstützung ging das Asthma zurück und verschwand schließlich vollständig. Im Herbst des vergangenen Jahres tauchte das Asthma erneut auf. Alice war überrascht. Sie war gesund und fühlte sich wohl. Es gab weder einen Anlass noch einen Grund für die Atembeschwerden. Alice ging zum Hausarzt, wurde eingehend untersucht und erhielt auch einen Spray. Obwohl sie den Spray benutzte, verschwand das Asthma nicht vollständig, sondern kehrte immer wieder zurück. Der behandelnde Arzt meinte trocken, dass Ganze sei sicher psychosomatisch bedingt, und riet ihr, in psychotherapeutische Behandlung zu gehen. Mit dieser Aussage hatte Alice überhaupt nicht gerechnet. Dass sie zusätzlich zu den körperlichen Beschwerden auch noch psychische Probleme haben sollte, verunsicherte und ärgerte sie.

Alice wünschte sich eine Veränderung. Ihr war klar, dass es so nicht weitergehen konnte. Etwas musste geschehen.

In eine Psychotherapie wollte sie nicht gehen. Etwas in ihr sträubte sich dagegen, sich einer fremden Person anzuvertrauen und über sich, ihr Leben und ihre Probleme zu sprechen. Was genau es sein könnte, das ihr gesundheitlich half und das sie beruflich brauchte, damit es ihr gutging und sie sich ausgefüllt fühlte, konnte sie nicht sagen. Sie hat sich viele Gedanken über ihren gesundheitlichen Zustand gemacht und war wegen der beruflichen Situation auch auf dem Berufsinformationszentrum der Stadt gewesen. Trotz vieler Überlegungen und zahlloser Gespräche mit Fachleuten und Freunden fand sie keine befriedigende Antwort. Alice war ratlos und wusste nicht weiter.

Es war ein warmer Frühlingsmorgen, Alice hatte frei und musste nicht zur Arbeit gehen. Einmal mehr hatte sie schlecht geschlafen. Sie fühlte sich müde und energielos. Sie war alleine und wollte nicht zu Haus in der Wohnung bleiben. Sie befürchtete, die Decke könnte ihr auf den Kopf fallen. Alice entschied sich, in die Stadt zu gehen und zu shoppen. Da sie noch nicht gefrühstückt und Lust auf einen guten Espresso hatte, setzte sie sich in ein Café. Sie nahm die Tageszeitung und blätterte lustlos darin herum. Plötzlich hielt sie inne. Ein kleines Inserat sprang ihr in die Augen. Alice war sofort hellwach. Auf einer Alp wurde für die Sommerzeit eine Aushilfe gesucht. Spezielle Erfahrungen brauchte man nicht. Man musste bereit sein, körperlich anzupacken, einfache Arbeiten auszuführen und mit wenig Lohn auszukommen. Am Ende des Inserates war eine Telefonnummer angegeben. Ohne groß zu überlegen, wählte Alice die Nummer. Es dauerte eine Weile, bis es in der

Leitung knackte und jemand am anderen Ende abnahm. Ein
älterer Mann mit einer freundliche Stimme sagte: „Hallo,
da ist Bachmann. Mit wem spreche ich?". „Hier ist Keller.
Ich rufe wegen des Inserates an", sagte Alice. Ein Moment
war es still in der Leitung. Dann gab Herr Bachmann mit
ruhiger, klarer Stimme über alles Auskunft. Er fragte sie,
was sie arbeite, wo sie wohne und ob sie bereit sei, körper-
lich hart zu arbeiten und unter einfachen Bedingungen zu
leben. Alice erzählte Herrn Bachmann über sich und ihr
Leben und sagte ihm auch, dass sie noch nie auf einer Alp
gearbeitet habe, die Stelle sie aber interessiere und sie es
gerne probieren möchte. Herr Bachmann hörte geduldig zu
und schwieg längere Zeit. Dann sagte er, dass er sich das
Ganze überlegen möchte, er mit den anderen Beteiligten
sprechen müsse und er sich wieder melden werde.

Als Alice aufhängte, staunte sie und war über sich selber
überrascht. Ohne sich groß Gedanken zu machen, rief sie
auf ein Inserat an, das sie in der Zeitung fand, sprach mit
einem wildfremden Mann am Telefon und war bereit, einen
Sommer lang auf eine Alp zu gehen. „Das Ganze ist irgend-
wie verrückt", sagte sie sich, als sie das Café verließ und
statt zu shoppen nach Hause ging. „Und dennoch, ich weiß
nicht weshalb, ich musste es tun. Irgendetwas in mir war
stärker als alle Bedenken und alle Zweifel". Während Alice
in aller Ruhe zu Fuß durch die Stadt nach Hause schlen-
derte, war sie beschwingt und leicht. Sie fühlte sich glück-
lich wie schon lange nicht mehr. Sie pfiff vor sich hin und
freute sich wie ein Kind. Jedes Mal, wenn sie an das Telefon
und das Gespräch dachte, musste sie laut lachen und sagte

zu sich: „Irr. Total verrückt. Ich auf einer Alp. Ich kann es nicht glauben!".

Am Abend sprach Alice mir ihrem Freund darüber. Dieser war sehr überrascht und glaubte zuerst, dass Ganze sei ein Scherz. Schnell wurde ihm jedoch klar, dass es Alice ernst meinte und sie wirklich daran dachte, den kommenden Sommer auf einer Alp zu verbringen. Ihr Freund wusste, dass Alice mit ihrer Stelle unzufrieden war und sie eine Veränderung suchte. Sie hatten verschiedentlich über berufliche Alternativen gesprochen und auch darüber, dass sie sich weiterbilden und in ein neues Berufsfeld wechseln könnte. Dass sie jedoch allen Ernstes in Erwägung zog, das angenehme Stadtdasein gegen ein strenges und entbehrungsreiches Leben auf einer Alp einzutauschen, fiel ihm schwer zu glauben. Trotz aller Einwände und Bedenken, die er hatte und mit denen er sie von ihrem Vorhaben abzubringen versuchte, spürte Alice, dass es der richtige Entscheid war und sie im Sommer auf die Alp gehen wollte.

Es verging eine Woche, bis Herr Bachmann zurückrief. Wie beim ersten Gespräch war er sehr freundlich und strahlte eine große Ruhe aus. „Wir haben uns das Ganze überlegt. Wir brauchen jemanden für die Alp. Wir sind zwar etwas unsicher, möchten Ihnen aber eine Chance geben", sagte er mit klarer Stimme. „Allerdings", fuhr er fort, „die anderen beiden Männer, die auf der Alp arbeiteten und auch ich möchten sie treffen und kennen lernen". Alice war einverstanden. Es wurde vereinbart, dass sie sich in zwei Wochen in einem Café im Dorf, das unterhalb der Alp im Tal lag, treffen würden.

Zwei Wochen später reiste Alice mit dem Zug zum verein-
barten Ort. Als sie das Café betrat, erkannte sie die drei
Männer sofort. Sie trugen hellblaue Hemden mit Blumen
aufgestickt, saßen an einem runden Tisch und tranken
Milchkaffee. Sie begrüßten Alice freundlich, luden sie ein,
sich an ihren Tisch zu setzen, und bestellten ihr eine große
Tasse Kaffee. Alle drei Männer hatten etwas Bodenständi-
ges, Ehrliches und Herzliches an sich. Sie lachten immer
wieder verschmitzt und waren zu Scherzen aufgelegt. Das
Gespräch, das sie miteinander führten, war sehr ange-
nehm. Die Stimmung war ruhig und heiter. Es wurde nie
hektisch oder laut. Herr Bachmann, der die Verantwortung
hatte, erzählte ihr ausführlich über die Alp, die anstehen-
den Aufgaben und sich selber. „Wir drei sind hier im Tal
aufgewachsen und im Dorf zur Schule gegangen. Wir haben
eine Familie und Kinder. Den Sommer verbringen wir seit
Jahren auf der Alp", berichtete er. Nachdem klar war, dass
sie sich gut miteinander verstanden und sie es sich mit Alice
vorstellen konnten und auch Alice bereit war, auf der Alp zu
arbeiten, händigte Herr Bachmann ihr einen Vertrag aus,
den sie durchlesen und unterschrieben zurücksenden sollte.
Alice verabschiedete sich von den drei Männern und ging
zum Bahnhof, wo der Zug, der sie zurück in die Stadt brin-
gen sollte, bereits wartete.

Auf dem Heimweg schaute Alice zum Fenster hinaus. Sie
bestaunte die Berge, welche links und rechts des Tales
in den Himmel ragten und zum Teil noch schneebedeckt
waren. Alice war still und ganz bei sich. Sie fühlte sich gut.
Immer wieder musste sie an die Begegnung mit den drei

Männern denken und spürte in ihrem Herzen ein warmes Gefühl. Was sie beeindruckte, war die Freundlichkeit und Bescheidenheit, die sie ausstrahlten. Sie schienen in sich zu ruhen und mit dem Leben in Frieden zu sein. Sie sprachen wenig, doch was sie sagten, war ehrlich gemeint und kam von Herzen. Auch schienen sie sich gut zu verstehen und gingen neckisch liebevoll miteinander um. Dass sie den Vertrag unterschreiben, das Angebot annehmen und den Sommer auf der Alp verbringen wollte, war ihr klar.

Alice kündigte ihre Stelle und arbeitete noch drei Monate ziemlich unmotiviert und lustlos weiter im Büro. Das Zimmer in der Wohngemeinschaft behielt sie. Als der Termin näherrückte, packte Alice ihre Sachen und verließ an einem warmen Sonntagmorgen in Begleitung ihres Freundes die Stadt. Ihr Freund fühlte sich traurig. Er ließ sie nur ungerne ziehen. Am Bahnhof verabschiedeten sie sich voneinander. Während ihr Freund mit dem nächsten Zug zurück in die Stadt fuhr, ging Alice zum Restaurant, in dem sie sich zum ersten Mal trafen, wo Herr Bachmann bereits auf sie wartete. Er begrüßte sie freundlich und lud ihr Gepäck auf einen alten Jeep. Danach verließen sie das Dorf und fuhren gemächlich eine kleine Passstraße hoch, die durch einen großen Wald führte, bis zur Alp, die oberhalb der Baumgrenze lag. Auf der Fahrt erkundigte sich Herr Bachmann über ihr Befinden, das Leben in der Stadt und erzählte ihr mehr über die Alp und deren Geschichte.

Als Alice ankam, traf sie die beiden anderen Männer, die sie herzlich begrüßten und bereits fleißig am Arbeiten waren.

Alice fiel sofort auf, dass sie alles, was sie in die Hände nahmen und verrichteten, mit Bedacht und ohne Stress taten. Alice bekam ein kleines Zimmer im ersten Stock des Holzhauses zugeteilt und richtete sich gemütlich darin ein. Danach ging sie auf den Platz hinaus, der dem Haus vorgelagert war, und betrachtete das Panorama, das sich ihr bot. Weit in der Ferne erhoben sich majestätische Berge, die seit Urzeiten hier zu stehen schienen und allen Unwettern und Stürmen trotzten. Vor dem Haus befand sich ein Brunnen. Dahinter lag ein sanfter Abhang mit einer saftigen, grünen Wiese, auf der die Kühe weideten. Alice dehnte und streckte sich. Sie fühlte sich sehr wohl. Die Stadt und deren pulsierendes Leben, das sie am Morgen verlassen hatte, vermisste sie überhaupt nicht.

„Das Essen ist fertig", rief Herr Bachmann. Vor dem Haus stand ein großer Holztisch, an den sich alle setzten. Es gab Gerstensuppe, Käse, Brot und Most. Die beiden Männer erkundigten sich bei Alice nach der Reise und schwiegen danach. Als das Essen fertig war, räumten sie den Tisch ab, setzen sich vor das Haus und rauchten die Pfeife. Der Himmel war wolkenlos und die Temperatur angenehm warm.

Am nächsten Tag wurde es für Alice ernst. Sie ging frühzeitig zu Bett und schlief die ganze Nacht durch. Die Stille und der Frieden, welche die Alp umgaben, hatten etwas sehr Erholsames und Beruhigendes. Durchbrochen wurden diese nur durch das Gebimmel der Kuhglocken. Bevor es hell wurde, stand Alice auf und nahm mit den Männern das Frühstück ein. Sie war für die Küche zuständig, musste

Holz für den Herd ins Haus tragen, das Mittagessen vorbe-
reiten und im Stall aushelfen. Für Alice gab es viel Neues zu
lernen und sie musste mit den Abläufen, die zum Alpbetrieb
gehörten, vertraut werden. Die drei Männer waren gedul-
dig und nachsichtig mit ihr. Sie standen ihr mit Rat und Tat
zur Seite und halfen, wo immer sie konnten.

Die ersten Tage waren für Alice streng. Nicht nur musste
sie körperlich hart arbeiten, was sie nicht gewohnt war,
sondern es gab viele Eindrücke und Erlebnisse, die sie ver-
dauen musste. Am Abend war Alice körperlich total müde,
hatte fast am ganzen Körper Muskelkater und sank schwer
wie ein Stein ins Bett. Sie schlief tief und fest. Obwohl sie
von morgens früh bis abends spät arbeitete, war sie heiter
und fühlte sich glücklich. Sie grübelte und studierte nicht.
Sie packte an, erledigte, was getan werden musste, und
freute sich über das Geleistete. Das Leben auf der Alp, das
so anders war als das Leben in der hektischen Stadt, war
voll und reich. Alles, was sie tat, machte Sinn, hatte Bedeu-
tung und erfüllte sie mit Zufriedenheit. Alice lebte sich gut
ein am neuen Ort und verstand sich bestens mit den drei
Männern. Sie war froh, dass sie sich für den Aufenthalt auf
der Alp entschieden hatte.

Wenn die Aufgaben erledigt waren und Alice Zeit hatte,
setzte sie sich draußen auf einen großen Stein, der oberhalb
der Hütte lag. Sie sog die Frische des Grases in sich auf,
genoss die Wärme der Sonne auf ihrer Haut, schaute den
Kühen beim Weiden zu und bewunderte die Aussicht, die
sich ihr bot. Alice konnte stundenlang auf dem Stein sitzen,

schauen und staunen. In der Stadt war dies für sie unmög-
lich gewesen. In der Stadt musste immer etwas geschehen.
In der Stadt gab es keine ruhigen Momente. Sie hätte sich
gelangweilt, wäre ungeduldig auf und ab getigert. Sie hätte
eine Aktivität gesucht und wäre vor dem Nichtstun und der
Stille, die sie als bedrohlich erlebte, geflohen. Hier war
alles anders. Hier war sie ruhig und gelassen. Hier fiel es
ihr leicht, nichts zu tun, in den Himmel zu schauen, den
Flug der Bergdolen zu beobachten und über die Welt zu
staunen. Alice war überrascht, wie einfach das Leben sein
konnte und wie wenig es brauchte, um glücklich zu sein.
Die körperlichen Beschwerden, die sie in der Stadt plagten,
spürte sie nur anfänglich ein wenig, danach verschwanden
sie vollständig.

Mit jedem Tag lernte Alice die Männer besser kennen und
mehr schätzen. Wenn alle Aufgaben verrichtet waren und
sie beim Abendessens draußen vor der Hütte saßen, spra-
chen sie manchmal über die Natur, die Pflanzen, die Tiere,
die Welt, Gott und wie alles miteinander zusammenhängt
und zusammenspielt. Alice, die diese Momente außeror-
dentlich genoss, war jedes Mal tief berührt von dem, was
sie von diesen Männern zu hören bekam. Während sie
gebannt lauschte, bekam sie Einblick in eine Lebensweise,
die voller Wertschätzung, Respekt, Demut, Freude, Weis-
heit und Dankbarkeit ist. Gemäß den Aussagen der Män-
nern ist nichts in sich schlecht oder negativ, sondern alles
Ausdruck und Werk des Schöpfers. Es geht darum, für das
Leben offen zu sein und dessen wahren Wert zu erkennen.
Manchmal schämte sich Alice nach solchen Gesprächen.

Ihr wurde schmerzlich bewusst, wie eingebildet, überheblich und arrogant sie in der Stadt gelebt hatte und wie wenig sie vom Leben und dessen tieferen Zusammenhängen wirklich wusste.

Ein weiterer spezieller Moment war, wenn Herr Bachmann beim Eindunkeln vor die Hütte trat und mit gehaltvoller Stimme den Alpsegen sprach. Das Ganze hatte etwas sehr Klares und Kraftvolles. Alice hörte ihm gerne zu. Sie spürte jedes Mal ein warmes Gefühl im Herzen. Die Sanftheit und Zartheit, die in seiner Stimme mitschwang, und die Ehrlichkeit und Herzlichkeit, mit denen er die guten Wünsche in die Welt hinausschickte, berührten sie zutiefst.

Das Leben auf der Alp und die Begegnungen und Gespräche mit den Männern führten dazu, dass bei Alice ein sanfter Wandel einsetzte und sie begann, die Welt mit anderen Augen zu sehen. Sie wurde gelassener und war gelöster. Sie spürte eine Ruhe und Zufriedenheit, die mit jedem Tag stärker wurden und die sie so schon lange nicht mehr erlebt hatte. Obwohl es viel zu tun gab, stand sie nicht unter Druck und war nicht im Stress. Sie spulte kein Programm ab und rannte nicht von Aufgabe zu Aufgabe. Sie nahm sich für alles Zeit und machte alles mit Bedacht. Alice nahm wahr, wie sie immer mehr im Leben stand und das Leben immer mehr zu ihr kam.

Weil sie in der Alphütte nur ein Telefon für lokale Anrufe, Bestellungen aus dem Dorf oder Notfälle hatten und Alice mit ihrem Freund telefonieren wollte, musste sie dies mit

ihrem Handy tun. Dazu musste sie einen halben Kilome-
ter zu einem kleinen Hügel laufen, wo sie Empfang hatte.
Nach einer Woche hatte Alice das Bedürfnis, ihren Freund
zu kontaktieren. Als sie ihn anrief, legte er sogleich los. Er
erzählte ihr alles, was er getan, erlebt und wen er getroffen
hatte. Er wirkte gestresst und gehetzt und sprang von einem
Thema zum nächsten. Er hatte Mühe, Alice zuzuhören und
sie ausreden zu lassen. Alice freute sich, seine Stimme zu
hören und ihm über das Leben auf der Alp zu erzählen.
Als sie aufhängte, hatte sie ein ungutes Gefühl. Sie hatte
den Eindruck, dass er nicht ganz anwesend war und nicht
wirklich auf sie einging. Dies stimmte sie nachdenklich und
auch traurig.

Eines Mittags, sie waren gerade mit dem Essen fertig und
dabei, die Küche aufzuräumen, fühlte sich Alice auf ein-
mal seltsam unwohl. Da sie ihre Aufgaben erledigt und Zeit
hatte, unternahm sie einen längeren Spaziergang, der sie
auf einen Grat hinter der Alphütte führte. Oben angekom-
men setzte sie sich in die Wiese. Alice fühlte sich schwer
und war angespannt. Sie spürte einen Druck in der Brust,
bekam Kopfschmerzen und, was sie überhaupt nicht einord-
nen konnte, sie hatte viele negative Gedanken und Gefühle.
Alice verstand die Welt nicht mehr. „Was ist nur los mit
mir?", fragte sie sich verzweifelt. „Mir geht es doch gut.
Mir fehlt nichts. Ich bin zufrieden." Während sie längere
Zeit mit sich selber rang und sich hinterfragte, realisierte
sie plötzlich, was der Grund ihres Unwohlseins war: Sie
hatte Mühe mit der Freundlichkeit und Herzlichkeit der drei
Männer. Sie begann, alles in Frage zu stellen und an deren

Motivation zu zweifeln. „Ist deren Verhalten wirklich echt?
Meinen sie es wirklich so gut? Sind sie wirklich so freund-
lich und herzlich, wie sie sich geben?", tönte es in ihrem
Kopf. Alice schämte sich für diese Gedanken und begann
bitterlich zu weinen. Freundlichkeit und Herzlichkeit kannte
sie so nicht. Freundlichkeit und Herzlichkeit musste man
sich verdienen. Freundlichkeit und Herzlichkeit gab es ab
und zu, war aber nicht der Normalzustand.

Alice hatte gelernt, sich zu behaupten und durch besondere
Leistungen Anerkennung zu erhalten. Sie war vorsichtig
und zurückhaltend und misstraute dem Guten und Schö-
nen. In ihrem Kopf war immer diese Stimme, die sagte:
„Pass ja auf! Freue dich nicht zu früh! Früher oder später
wird es Schwierigkeiten geben. Du wirst das Glück und die
Liebe wieder verlieren." Auf der Alp, unter diesen einfa-
chen Verhältnissen und mit diesen bescheidenen Männern,
wurde sie eines Besseren belehrt. Alice wurde bewusst, wie
schwierig es wirklich ist, für das Leben offen zu sein und
das Geschenk der Freundlichkeit und Herzlichkeit anzu-
nehmen. „Wie schnell tauchen Bedenken auf und machen
sich Zweifel und Misstrauen breit. Wie leicht findet man
Gründe, um die Freundlichkeit und Herzlichkeit in Frage
zu stellen und zurückzuweisen", sagte sie halblaut zu sich
selber und seufzte.

Das Weinen und die Erkenntnisse taten Alice gut und hal-
fen ihr loszulassen. Die Spannungen legten sich, die Kopf-
schmerzen gingen zurück und die innere Unruhe löste sich
auf. Alice blieb noch eine Weile auf der Wiese sitzen. Sie

genoss die wärmende Sonne und den Ausblick in die Berge, bevor sie sich auf den Heimweg machte. Sie war nachdenklich, aber guten Mutes. Sie war dankbar für das Erlebte und froh für die Einsichten. Auf halbem Weg kam ihr Bless, der Alphund, entgegen. Er freute sich, sie zu sehen, sprang um sie herum und begleitete sie zurück zur Hütte.

In der darauffolgenden Nacht lag Alice länger wach. Draußen war es angenehm warm. Am Himmel funkelten Millionen von Sternen, die Alice durchs offene Fenster bestaunte. Sie war ruhig und ganz bei sich. Sie musste an das Erlebte vom Nachmittag denken und spürte, wie eine angenehme Wärme durch ihren Körper floss. Das Thema Freundlichkeit und Herzlichkeit ließ sie nicht mehr los. Etwas in ihr war tief berührt und sehr bewegt. Alice war bewusst, dass dieses von zentraler Bedeutung ist und sie auf die Alp kommen musste, um dies zu erfahren. „Wie sonderbar und auch aufregend das Leben doch sein kann", dachte sie. „Da liest man per Zufall ein Inserat in der Zeitung, handelt spontan, lässt die vertraute Umgebung hinter sich, landet auf einer Alp und entdeckt das Leben neu."

Alice war nun schon über zwei Monate auf der Alp. Mit den täglichen Aufgaben und dem Ablauf des Betriebes war sie in der Zwischenzeit bestens vertraut. Sie half aus, wo sie konnte, und genoss es, mit den drei Männern zusammenzusein und auch Zeit für sich selber zu haben. Alice hatte ein Tagebuch mitgenommen und schrieb ihre Erlebnisse, Eindrücke und Einsichten nieder.

Ein weiteres spezielles Erlebnis war ein großes Gewitter, das sich über der Alp entlud. Es war ein heißer Tag gewesen, als das Wetter gegen Nachmittag kippte, dunkle Wolken aufzogen, es heftig zu regnen begann, Blitze vom Himmel in die Erde hinabschossen und der Donner grollte. Zusammen mit den drei Männern, die ganz ruhig waren und ihre Pfeife rauchten, schaute sie dem Naturspektakel zu. Die Kraft der Natur so direkt und so unmittelbar zu erleben, war für Alice sehr eindrucksvoll. Angst hatte sie keine. Sie fühlte sich geschützt und geborgen.

Am Abend vor ihrer Abreise hörten sie früher mit der Arbeit auf und bereiteten das Abendessen gemeinsam zu. Es gab Kartoffelstock mit Gemüse und Fleisch vom Grill. Sie tranken Bier dazu und zum Dessert, der aus einem selbstgebackenen Nussfladen bestand, Schnaps. Es war ein fröhliches Zusammensein. Alice und die Männer waren heiter und ausgelassen. Sie erzählten Geschichten aus dem Tal und es wurde viel gelacht. Am nächsten Morgen verabschiedete sich Alice schweren Herzens von der Alp und den drei Männern, die sie alle sehr gut mochte und liebgewonnen hatte. Nur ungern verließ sie diesen besonderen Ort, der ihr so viel gegeben und ihr Leben so bereichert hatte. Herr Bachmann fuhr sie mit dem Jeep hinunter ins Tal zum Bahnhof. Sie verabschiedeten sich herzlich voneinander. Alice bestieg den Zug, der sie zurück in die Stadt brachte. „Was die Zukunft bringt, weiß ich nicht und ist offen. Was ich weiß ist, dass ich ein erfülltes Leben führen will", sagte sich Alice, als sie zum Fenster hinausschaute, die Berge bestaunte und der Zug in gemächlichem Tempo aus dem Tal hinausfuhr.

STAUNEN

Haben Sie sich auch schon gefragt, wann es Ihnen wirklich gutgeht, Sie keine Sorgen haben, die Sie belasten, und keine Ängste, die Sie bedrücken? Haben Sie sich auch schon gefragt, wann Sie gelassen und heiter sind, Sie sich erfüllt und glücklich fühlen? Haben Sie sich auch schon gefragt, wann Sie voller Freude und Dankbarkeit sind und das Leben einfach ist? Haben Sie sich auch schon gefragt, wann es Ihnen leichtfällt, mit Schwierigkeiten umzugehen und das Dasein anzunehmen? Was haben Sie herausgefunden? Zu welchem Schluss sind Sie gekommen? Worauf kommt es an? Dies sind wichtige und grundlegende Fragen. Wenn wir uns mit ihnen befassen, unterstützen sie uns darin, das Leben in seinem Grund zu verstehen.

Es geht hier nicht darum, das Unangenehme zu verdrängen, das Dunkle zu beschönigen, den Schwierigkeiten auszuweichen, sich selber etwas vorzumachen oder in eine Traumwelt zu fliehen. Das Leben ist permanente Bewegung und konstanter Wandel. Das scheinbar Solide und Feste, das uns umgibt und an dem wir gerne festhalten, verändert sich ständig. Bei genauer Betrachtung erweist es sich als instabil. Wir haben immer Gefühle und Gedanken. Manchmal sind sie positiv, manchmal neutral, manchmal negativ. Probleme und Herausforderungen begleiten uns auf Schritt und Tritt. Wir können ihnen nicht ausweichen und uns ihnen auch nicht entziehen. Dies ist unsere alltägliche Wirklichkeit. Sie ist weder gut noch schlecht, sondern Ausdruck und Spiel des Bewusstseins.

Wir neigen dazu, Strategien, Techniken und Methoden für die Alltagsbewältigung zu benutzen. So rezitieren wir bestimmte Zahlenkombinationen, um uns zu beruhigen. Wir halten uns an eingeübte Sätze, um uns auf herausfordernde Situationen vorzubereiten. Oder wir verwenden persönliche Rituale, um uns mental zu stärken. Zu Beginn mögen diese spannend und für die Lösung gewisser Probleme gut sein. Auf die Länge jedoch verursachen sie oft Verwirrung und führen zu Stress, denn in der einen Situation sind sie eine Hilfe, in der nächsten nützen sie nichts oder, schlimmer noch, sie sind für das Entstehen von neuen Schwierigkeiten verantwortlich.

Hier geht es nicht um Strategien, Techniken und Methoden, sondern um die Sichtweise. Es geht darum, zu verstehen, wie wir sein und das Leben betrachten müssen. Es geht darum, wie wir vorgehen können, um gelassen zu sein, weise zu leben und das Dasein anzunehmen, wie es ist.

Denkanstöße:

- Wann geht es dir wirklich gut?
- Wann bist du heiter und gelassen?
- Wann fühlst du dich erfüllt und glücklich?
- Wann erlebst du Freude und Dankbarkeit?
- Wann ist das Leben einfach und leicht?
- Worauf kommt es an?
- Was ist entscheidend?

Wir alle möchten in einem schönen Zuhause leben, in einer konfliktfreien Gegend wohnen, eine spannende Arbeit machen, über genügend Geld verfügen, eine gute Gesundheit haben, von liebevollen Freunden umgeben sein und geschätzt und geliebt werden. Obwohl dies unser aller Wunsch ist, hat das Leben manchmal etwas ganz anderes mit uns vor. Wir suchen einen Partner, eine Partnerin und finden einfach keinen, keine. Wir möchten Kinder und werden nicht schwanger. Wir möchten keine Kinder und haben vier. Wir achten auf die Gesundheit und vermeiden Stress und werden trotzdem krank. Obwohl wir glücklich sein möchten und uns bemühen, gut zu leben, erfahren wir Angst und Trauer, Verzweiflung und Wut, Schmerz und Leid. Dies ist Teil des Lebens und gehört zum Dasein. Was wir erfahren und uns begegnet, können wir nicht bestimmen. Es liegt nicht in unserer Hand. Was wir dagegen beeinflussen und ändern können ist unsere Haltung und Sichtweise, genauer die Art, wie wir leben und die Welt betrachten. Gerade darauf kommt es an, denn dies ist der alles entscheidende Punkt.

10. Erkenntnis:
Die Sichtweise ist von zentraler Bedeutung.

Wenn wir uns grundlegend mit dem Thema befassen und ergründen, zu welchen Zeiten es uns gutgeht, das Leben einfach und leicht ist und wir die Schwierigkeiten meistern, so erkennen wir, dass die Sichtweise eine ganz entscheidende Rolle spielt. Bin ich der Überzeugung, eine Situation sei ein Problem, überträgt der denkende Geist diese auf die

Situation und sie wird, entsprechend meiner Überzeugung, zum Problem. Glaube ich es nicht zu schaffen, wird mir der Erfolg verwehrt. Halte ich am Gefühl fest, nicht geliebt zu werden, kann ich tun und machen, was ich will: Die Liebe kommt mir immer wieder abhanden.

Übung:

Setze dich auf einen Stuhl oder mache es dir auf einer festen Unterlage bequem. Danach atme einige Male ein und aus und entspanne, wie an anderer Stelle beschrieben. Wenn du offen und weit bist und Ruhe in dir eingekehrt ist, befasse dich mit deiner Sichtweise. Wie betrachtest du die Welt? Wie schaust du das Leben an? Was genau siehst du?

Das, was du normalerweise siehst, ist nicht die Wirklich-keit, wie sie ist. Das, was du gewohnheitsmäßig siehst, ist die Reflektion deiner Sichtweise, sind Bilder, Wünsche, Erwartungen, Hoffnungen, Befürchtungen, sind die Pro-jektionen des denkenden Geistes. Und genau diese Projek-tionen sind es, die das ganze Durcheinander erzeugen und das Leiden verursachen.

Was musst du tun und wie musst du schauen, damit du für die Welt offen bist und sehen kannst, was wirklich ist? Nimm dir Zeit für diese wichtige Frage. Nimm diese Frage mit in den Alltag. Ergründe zuerst, wie du gewohnheitsmä-ßig schaust, wie dein Schauen dein Fühlen, Denken und Handeln beeinflusst und deine Probleme schafft. Hast du dies erkannt, gehe einen Schritt weiter und erforsche, wie du wirklich schauen musst.

Haben Sie sich auch schon gefragt, wie Kinder und Weisen schauen? Haben Sie sich auch schon gefragt, wie sie die Welt betrachten? Sie machen etwas anders als wir, aber was? Ganz offensichtlich fällt es ihnen leicht, gelassen und offen zu sein, nicht an Sorgen festzuhalten und das Leben anzunehmen. Was macht den Unterschied aus? Wenn wir etwas wahrnehmen oder betrachten, lassen wir es nicht einfach stehen. Wir werten, beurteilen und analysieren das Gesehene umgehend. Wir untersuchen es genau, nehmen es auseinander und zerpflücken es in hundert Einzelteile. Wenn wir etwas anschauen, tun wir dies mit den Augen des denkenden Geistes. Kinder und Weise schauen nicht, sie staunen. Was immer sie wahrnehmen und sehen, sie betrachten alles mit staunenden, strahlenden Augen. Für sie ist alles einmalig und alles ein großes Wunder. Für sie ist alles voll Energie und mit Licht erfüllt. Für sie gibt es keine Trennung zwischen Innen und Außen, zwischen Sehen und dem Gesehenen. Sie sind glücklich, denn sie sehen das Ganze und leben in der Gegenwart. Wir dagegen sind verwirrt und durcheinander. Für uns spielt sich alles im Kopf ab. Wir sehen nur Teile und Splitter, nicht mehr das Ganze, nicht die Wirklichkeit, wie sie ist. Kein Wunder, dass wir das Leben nicht auf die Reihe kriegen und von der Energie und dem Licht, das wir in uns tragen, nicht mehr viel übrig ist.

11. Erkenntnis:
Staunen heißt, mit dem Herzen zu sehen.

Was aber ist Staunen genau? Wie sehen wir die Welt, wenn wir staunen? Welchen Einfluss hat das Staunen auf die Gesundheit, das Befinden und das Leben? Staunen ist etwas ganz Natürliches und Grundlegendes. Bevor wir irgendetwas taten oder irgendetwas lernten, staunten wir. Wir kamen staunend auf die Welt und sind allem mit Staunen begegnet. Das Staunen gehört zum grundlegenden Wesen des Bewusstseins. Wenn wir staunen, sind wir gelassen und heiter. Wenn wir staunen, sind wir offen und beobachten einfach. Wenn wir staunen, leben wir in der Gegenwart und freuen uns an dem, was wir vorfinden. Wenn wir staunen, nehmen wir das Dasein an, wie es ist. Wenn wir staunen, sehen wir die Welt mit dem Herzen und nicht mit dem denkenden Geist. Wenn wir staunen, werten und urteilen wir nicht. Wir nehmen nichts auseinander und zerpflücken nichts in Einzelteile. Wenn wir staunen, existiert keine Trennung in Innen und Außen, in Sehende und Gesehenes. Wenn wir staunen, gibt es nichts und niemanden, der festhält oder abwehrt. Wenn wir staunen, ist alles einfach und leicht. Wenn wir staunen, leben wir in der Gegenwart, und es existiert nur die Wirklichkeit, wie sie ist. Und, dies ist das Überwältigende und Berührende, wenn wir staunen, ist das Herz offen und fließt die Lebensenergie, die Liebe.

Staunen ist:
- Gelassenheit und Heiterkeit
- Offenheit und Weite

- Einfachheit und Leichtigkeit
- Verbundenheit und Einheit
- Leben in der Gegenwart
- Aufgehen in der Wirklichkeit

Staunen bedeutet:
- Sehen ohne Absicht
- Sehen ohne Ziel
- Sehen ohne Erwartungen
- Sehen ohne Festhalten
- Sehen mit dem Herzen
- Sehen ohne Sehendes

Staunen beinhaltet:
- Das Leben sehen, wie es ist.
- Das Leben erfahren, wie es ist.
- Das Leben annehmen, wie es ist.
- Das Leben würdigen, wie es ist.
- Das Leben lieben, wie es ist.

Die Verschiebung der Sichtweise

Wenn wir mit dem Leben hadern und uns unglücklich fühlen, beschleicht uns manchmal das ungute Gefühl, dass mit uns etwas nicht stimmt, dass uns etwas fehlt, wir uns verändern und bessere Menschen werden müssten. Getrieben von diesem Unbehagen, beginnen wir zu suchen und alles Mögliche auszuprobieren. Wir eignen uns neue Problemlösungsstrategien an, machen morgens nach dem Aufstehen

Körperübungen, ändern die Ernährung, halten uns an bestimmte Glaubenssätze oder orientieren uns an einer exotischen Lebensweise, die interessant tönt und Verheißungsvolles verspricht. Zu Beginn fühlen wir uns gut und gestärkt. Wir sind aktiv und tun etwas für unser Befinden und die Gesundheit. Früher oder später jedoch stoßen wir auf Widerstände und der Elan geht verloren. Enttäuschung macht sich breit und wir hören mit allem auf. Wir fallen zurück ins alte Fahrwasser, das wir eigentlich verlassen wollten. Trotz guter Vorsätze und großem Aufwand hat sich nichts wirklich verändert und sind wir keine besseren Menschen geworden. Im Gegenteil, oft geraten wir wegen der Übungen, die wir machen sollten, und des Programms, das wir uns auferlegt haben, unter Druck und in Stress. Haben wir es einmal mehr nicht geschafft, unser Vorhaben durchzuziehen, fühlen wir uns enttäuscht und deprimiert. Uns befällt ein schlechtes Gewissen, wir werden von Schuldgefühlen geplagt. Die Selbstzweifel werden größer, die Verunsicherung wird tiefer.

Unwissend und blind, wie wir sind, haben wir nicht erkannt, dass wir einem großen Irrtum und einer grundlegenden Täuschung anheimgefallen sind: Uns fehlt nichts. Wir sind in Ordnung. Wir müssen auch keine besseren Menschen werden. Wir haben alles für ein erfülltes und glückliches Leben. Das, was wir glauben nicht zu haben, sind wir bereits. Es liegt nicht außerhalb, sondern in uns. Es ist zugeschüttet und kann entdeckt und erweckt werden. Halten wir am Irrtum und der Täuschung fest, dass uns etwas fehlt und wir nicht in Ordnung sind, hören das Suchen und der Stress nicht auf. Was immer wir tun, wir drehen uns im Kreise. Der erhoffte Erfolg tritt einfach nicht ein. Die Ziele, die wir uns gesetzt haben, können wir nicht erreichen, die Vorsätze, die wir gefasst haben, nicht erfüllen. Sie sind allesamt Konzepte, Vorstellungen und Bilder, Schöpfungen des denkenden Geistes. Sie sind für den Irrtum und die Täuschung verantwortlich, halten uns im Unglücklichsein gefangen und hindern uns daran, die Wirklichkeit, das, was ist, zu sehen und anzunehmen.

Was wir tun müssen, ist so einfach und so verblüffend, dass wir es kaum glauben können. Worum es hier geht, ist so naheliegend und so offensichtlich, dass wir es in unserem ständigen Getriebensein und unserer Verblendung übersehen. Wir müssen nur die Sichtweise verschieben. Wir müssen anders schauen. Statt durch die Augen des denkenden Geistes zu sehen, müssen wir mit den Augen des Herzens schauen, und dabei erweist sich das Staunen als große Hilfe.

12. Erkenntnis:
Staunen wirkt Wunder.

Was genau bedeutet dies? Was gilt es zu beachten? Was müssen wir tun und was lassen? Wie müssen wir vorgehen, damit wir Erfolg haben? Der entscheidende Punkt ist, dass wir nichts suchen, nichts verändern und nichts aktiv tun müssen. Wir richten uns nur neu aus und rücken das Staunen ins Zentrum. Wir verschieben die Sicht und sehen den Alltag mit staunenden Augen. Mit der Verschiebung der Sicht verlassen wir die alte Betrachtungsweise, und damit tritt ein sanfter Wandel ein. Wir gehen über die kleine und enge Welt des denkenden Geistes hinaus und entdecken das Leben neu. Mit der Verschiebung der Sicht wird es in uns offen und weit. Wir haben Raum zum Leben und Platz zum Sein. Die Projektionen des denkenden Geistes gehen zurück. Der Druck der ständigen Erwartungen und der Stress der unerfüllten Wünsche lassen nach. Gedanken und Gefühle sind, was sie sind: Erscheinungen, die kommen und gehen. Wir können sie betrachten, ohne an ihnen festzuhalten oder uns gegen sie zu wehren. Der geistige Nebel, der uns blind macht, lichtet sich. Die Verstrickungen lösen sich auf. Wir sehen klar, und die Wirklichkeit, das, was ist, beginnt hervorzutreten. Wenn wir spielerisch vorgehen und die neue Sichtweise im Alltag regelmäßig üben, ändert sich unser Leben von alleine. Einem Samen gleich, den wir gepflanzt haben und gießen, beginnt sich die neue Sichtweise zu vertiefen und das Staunen, das zum Grundwesen des Bewusstseins gehört, zu verinnerlichen.

Übung:

Setze dich auf einen Stuhl oder mache es dir auf einer festen Unterlage bequem. Danach atme einige Male ein und aus und entspanne, wie an anderer Stelle beschrieben. Wenn du offen und weit bist und Ruhe in dir eingekehrt ist, verschiebe sanft die Sichtweise. Stelle das Staunen ins Zentrum. Beginne die Welt mit staunenden Augen zu betrachten. Was siehst du? Was geschieht in dir? Was erlebst du? Wie ist es, zu staunen?

Nimm das Staunen in den Alltag. Mache es dir zur Gewohnheit, immer wieder innezuhalten und alles mit staunenden Augen zu betrachten. Wo immer du dich gerade befindest und was immer du tust, versuche alles aus der Warte des Staunens zu betrachten. Wenn du dranbleibst und dich an die neue Sichtweise hältst, tritt sanft ein Wandel ein, der zu großer Gelassenheit und viel Weisheit führt und dich das Leben in seiner ganzen Vielfalt und Tiefe erleben lässt.

Meine Erfahrungen

Als Kind fühlte ich mich heiter und unbeschwert. Ich betrachtete alles mit staunenden Augen. Die Welt und alles, was sie beinhaltete, war ein großes Wunder. Nach Jahren der Therapie und der spirituellen Praxis, in denen ich viel gesucht, viel ausprobiert, viel erfahren und viel erkannt habe, bin ich wieder auf das Staunen gestoßen und habe seine Eigenschaften schätzen gelernt. Im Staunen kommt alles zusammen und ist alles enthalten. Das Staunen, und dies ist das Eindrückliche und Verblüffende, ist so einfach und so leicht, dass wir es kaum glauben können. Es braucht keine besonderen Anstrengungen und keine speziellen Techniken. Wir müssen nichts Neues lernen und auch keine besonderen Übungen machen. Es ist an nichts gebunden und verursacht keinen Druck und keinen Stress. Wir können uns immer und überall auf das Staunen beziehen. Die Offenheit und Loslösung, die das Staunen bewirken, geschehen von selber – ganz mühelos. Es braucht nur die Verschiebung der Sicht. Nicht, dass ich keine Sorgen und Probleme mehr

habe und nur noch glücklich und erfüllt bin. Mitnichten.
Das Leben stellt mich regelmäßig auf die Probe und fordert
mich immer wieder von Neuem heraus. Das Staunen hilft
mir, gelassen zu bleiben, alles aus der Distanz zu betrach-
ten, mich aus Verstrickungen zu lösen und geschickt zu han-
deln. Mit dem Staunen schloss sich ein Kreis. Die Sicht auf
die Welt wurde klar und weit, wie ich sie als Kind erlebte,
und die Gegenwart heller und leichter.

Eigene Erfahrungen

7.

GELASSEN SEIN, WEISE LEBEN

„Im Herzen des Menschen
liegt die Größe der ganzen Welt."

NISARAGADATTA MAHARAJ

Wir möchten glücklich sein und ein erfülltes Leben führen. Wir möchten möglichst keine Störungen und keine Probleme haben und frei von körperlichen Schmerzen und emotionalen Verletzungen sein. Wir möchten einer sinnvollen Arbeit nachgehen, spannende Hobbys haben und in einer schönen Umgebung wohnen. Wir möchten liebevolle Freunde haben und wertgeschätzt und geliebt werden. Wir möchten Freude und Glück erfahren und das Leben unbeschwert genießen können.

Obwohl wir dies möchten und uns wünschen, erleben wir oft das Gegenteil und geht das Leben in eine ganz andere Richtung. Wir sind unzufrieden und hadern mit dem Dasein. Wir machen uns Sorgen und erleben Ängste. Wir haben Schuldgefühle und ein schlechtes Gewissen. Wir fühlen uns getrieben und gestresst. Der Kopf ist übervoll und wir sind verwirrt. Wir können nicht richtig abschalten und schlafen schlecht. Wir sind angespannt und müde. Wir fühlen uns unglücklich und zu wenig geliebt. Wir haben Beziehungsprobleme, die uns zu schaffen machen, und körperliche Beschwerden, die Kraft kosten. Wir zweifeln an uns selber und fragen uns, was wir falsch gemacht haben und wie es so weit kommen konnte. Wir sind ratlos und durcheinander.

Wir sehen die Welt mit all den Krisenherden, notleidenden Menschen und Kriegen und fragen uns, weshalb Gott all dies zulässt. Wir sehnen uns nach Ruhe und Frieden, können diese aber nirgends auf der Welt finden. Woran es liegt, dass wir uns so fühlen und Spannungen und Schwierigkeiten aller Art erleben, können wir nicht sagen. Für uns ist es ein großes Rätsel, denn wir geben uns große Mühe, gute Menschen zu sein und ein erfülltes Leben zu führen.

WISSEN

Weshalb sind wir immer wieder unzufrieden und zweifeln an uns selber? Weshalb fühlen wir uns oft unglücklich und ungeliebt? Weshalb werden wir immer wieder aus der Bahn geworfen und verlieren leicht den Halt und die Orientierung im Leben? Womit hat dies zu tun? Was sind die Ursachen, was die Gründe? Dass wir uns so fühlen und dies erleben, hat mit unserem Mangel an Wissen und dem Fehlen einer soliden Lebensgrundlage, einer stabilen Haltung und einer offenen Sicht zu tun. Nicht, dass wir nichts gelernt hätten und nichts über das Leben wissen. Überhaupt nicht. Wir verfügen über ein breit abgestütztes intellektuelles Verständnis und haben uns bestimmte Fähigkeiten und besondere Eigenschaften angeeignet. Geprägt durch das, was uns in unserer Familie vorgelebt wurde, den Erfahrungen, die wir gemacht, und den Schlussfolgerungen, die wir daraus gezogen haben, haben wir uns eine eigene Meinung gebildet und eine persönliche Lebensweise aufgebaut. Darin enthalten sind unsere Vorstellungen, Konzepte und Muster, unsere Erwartungen, Hoffnungen und Befürchtungen, unsere Glaubenssätze, Strategien und Methoden.

Ob unsere Lebensweise etwas taugt und uns hilft, den Alltag zu meistern und glücklich zu sein, wissen wir nicht. Blind, wie wir sind, halten wir daran fest und hoffen, dass alles gutgehen wird. Meistens braucht es eine Krise, die uns vor Augen führt, wo wir wirklich stehen. In solchen Momenten wird uns bewusst, dass unsere Lebensweise keine große Hilfe ist und uns eine solide Daseinsgrundlage fehlt. Wir wissen nicht wirklich, wie wir mit Gedanken und Gefühlen umzugehen haben und wie wir Störungen und Spannungen auflösen können. Wir wissen nicht wirklich, wie wir das Leben betrachten müssen und worauf wir uns abstützen können. Wir wissen nicht wirklich, was uns trägt und hält und was die Ursachen unserer Schwierigkeiten sind. Wir probieren dieses und jenes aus und hoffen dabei auf gut Glück.

Betrachten wir das Leben genauer, erkennen wir, dass es keine Stabilität und auch keine Sicherheit gibt. Sicherheit und

Stabilität sind Konzepte, die der denkende Geist hervorbringt und an die wir uns klammern. Das Leben ist permanente Veränderung und konstanter Wandel. Nichts auf der Welt ist stabil und fest. Alles ist zusammengesetzt und verändert sich ständig. Deshalb ist das Leben eine permanente Gratwanderung und ist es nicht möglich, dieses abzusichern. Außer der Gegenwart und der Wirklichkeit, wie immer diese gerade ist, existiert nichts anderes. Statt entsprechend zu leben und dem Wesen des Lebens Rechnung zu tragen, halten wir fest und versuchen dieses in den Griff zu bekommen. Wir pressen es in bestimmte Formen und sperren es in vorgegebene Konzepte. Wir benützen Hypothesen und Theorien, um dieses zu verstehen und seiner Unbeständigkeit Herr zu werden.

Wie sehr wir uns auch bemühen und was immer wir auch unternehmen, es gelingt uns einfach nicht. Wir können es nicht kontrollieren und kriegen es nicht in den Griff. Dies hat damit zu tun, dass das Leben in seinem Grunde Bewusstsein ist, und Bewusstsein ist Energie. Energie braucht Raum und Platz, um sich auszudehnen und frei bewegen zu können. Es darf weder festgehalten noch eingesperrt werden. Wenn wir dies tun, behindern wir es. Dies führt nicht nur zu grundlegenden Störungen und Spannungen, sondern das Bewusstsein wendet sich gegen uns. Wir sind durcheinander und aufgewühlt. Wir fühlen uns verunsichert und zerrissen. Wir werden leicht aus der Bahn geworfen und verlieren den Halt im Leben. Die Gedanken, die wir haben, sind schwer und negativ und folgen einander Schlag auf Schlag. Die Gefühle, die wir erleben, sind bedrohlich und destruktiv und nicht zu stoppen.

13. Erkenntnis:
Das Leben ist Energie, und Energie braucht Raum.

Wenn wir aufhören, einzugreifen und festzuhalten, und das Bewusstsein in Ruhe lassen, entspannt sich in uns alles. Das Bewusstsein, das sich frei bewegen und ungehindert ausdehnen kann, beginnt sich uns in seiner ganzen Tiefe und Schönheit zu zeigen und sich uns als Selbsterkenntnis zu offenbaren.

- Wenn wir das Leben stören, stört es uns.
- Wenn wir es behindern, behindert es uns.
- Wenn wir es bekämpfen, bekämpft es uns.
- Wenn wir es einsperren, sperrt es uns ein.
- Wenn wir es nicht festhalten, hören die Störungen und Spannungen auf.
- Wenn wir ihm Raum geben, kehrt Ruhe ein.
- Wenn wir es annehmen, nimmt es uns an.
- Wenn wir es wertschätzen, wertschätzt es uns.
- Wenn wir es lieben, liebt es uns.

GRUNDLAGE

Wie aber können wir das Leben annehmen? Wie können wir es wertschätzen? Wie können wir es gar lieben? Was braucht es dazu? Ist dies überhaupt möglich? Was wir benötigen, ist eine solide, tragfähige Lebensgrundlage. Die einzige Grundlage, die tragfähig ist, ist die innere Quelle, das

Herz, und nicht der denkende Geist. Wenn der denkende Geist im Zentrum steht und wir uns auf diesen beziehen, bauen wir unser Leben auf Sand. Die Störungen und Spannungen hören nicht auf. Irren und Wirren nehmen kein Ende. Die Dramen und Verunsicherungen lassen nicht nach. Der denkende Geist ist ein Werkzeug, das wir für die Alltagsbewältigung benutzen und einsetzen können, mehr nicht. Er hilft uns, zu planen, zu organisieren und Dinge in die Wege zu leiten. Dafür ist er da.

Statt den denkenden Geist entsprechend zu nutzen, sind wir dazu übergegangen, alles mit ihm und durch ihn zu machen. Wir sind im Kopf. Wir sehen die Welt mit seinen Augen. Wir handeln entsprechend seinen Wünschen, Vorstellungen und Konzepten. Wir analysieren und bewerten. Wir nehmen auseinander und zerpflücken. Wir greifen ein und halten fest. Wir sichern ab und bekämpfen. Wir schalten aus und ignorieren. Wir haben einen vollen Kopf und sehen nicht klar. Uns fehlt die Orientierung und Ausrichtung im Leben. Wir sind unsicher und zweifeln. Wir machen einen Schritt nach vorne und zwei zurück. Wir sind ständig aktiv und permanent mit etwas beschäftigt. Ruhe und Stille gibt es für uns nicht. Sie haben in unserem Alltag keinen Platz. Was immer wir tun und versuchen, wir schaffen es einfach nicht, das Leben auf die Reihe zu kriegen und glücklich zu sein. Obwohl wir uns große Mühe geben und versuchen, in Frieden zu leben, gelingt es uns nicht. Nicht, dass uns etwas fehlt oder wir schlechte Menschen sind. Ganz und gar nicht. Der Grund für die Störungen und Spannungen, die Sorgen und Ängste, die Dramen und Verletzungen ist das

Nichtvorhandensein einer tragfähigen Lebensgrundlage, auf die wir uns abstützen und der wir vertrauen können.

Wenn wir uns neu ausrichten und uns auf die innere Quelle, das Herz, beziehen, tritt ein grundlegender Wandel ein. Mit der inneren Quelle im Zentrum verfügen wir über eine tragfähige Grundlage. Mit der Ausrichtung auf die inneren Quelle nehmen wir das Bewusstsein an und sagen Ja zum Leben. Da der denkende Geist nicht mehr im Zentrum steht und an Macht und Einfluss verliert, wird der Lebensraum offen und weit. Das emotionale Durcheinander löst sich auf und der geistige Nebel lichtet sich. Der Kopf wird frei und wir sehen klar. Die grundlegenden Störungen und Spannungen, die uns auf Schritt und Tritt begleiteten und die wir nicht auflösen konnten, gehen zurück. Die Gedanken und Gefühle verlieren an Gewicht und werden zu dem, was sie sind: Erscheinungen, die kommen und gehen, ohne Spuren zu hinterlassen.

Auf die innere Quelle bezogen erkennen wir, dass das Leben ständiger Wandel und permanente Veränderung ist und wir das Dasein weder festhalten noch absichern können. Dadurch dass wir dem Wandel und der Veränderung Rechnung tragen, dem Bewusstsein Raum geben und es in seiner ganzen Tiefe und Vielfalt annehmen, kehren Stille und Frieden ein. Uns auf die inneren Quelle beziehend und von der Energie des Herzen getragen, wird das Leben einfach und leicht und das Dasein reich und voll.

HALTUNG

Damit wir uns neu ausrichten und die innere Quelle, das Herz, zur Grundlage machen können, benötigen wir Vertrauen, Mut und Beharrlichkeit. Wir müssen standfest und sicher verwurzelt sein wie ein Berg. Bei der Umsetzung der neuen Lebensweise kommt der Haltung eine ganz entscheidende Rolle zu. Auf dem Weg zurück zur Quelle werden wir herausgefordert, haben Tests zu bestehen, erleben Befürchtungen und Ängste und stoßen auf alle möglichen Arten von Hindernissen und Widerstände. Zu Beginn sind diese deutlich und fassbar, werden dann aber immer feiner und subtiler und auch anspruchsvoller. Die größte Herausforderung, mit der wir konfrontiert werden und die wir zu bewältigen haben, ist der denkende Geist, welcher uns immer wieder in die Quere kommt. Seien dies Gedanken, Konzepte oder Muster, Strategien, Methoden oder Theorien, ständig mischt er sich ein und versucht uns zu verunsichern und von unserem Vorhaben abzubringen. Kaum, dass wir ein Hindernis überwunden haben, taucht ein weiteres auf. Kaum dass wir glauben, es geschafft zu haben, werden wir mit einer neuen Herausforderung konfrontiert. Kaum dass wir klar sehen, breitet sich der geistige Nebel wieder aus. Damit wir uns nicht in Dramen und Schwierigkeiten verstricken, nicht in Fallgruben und Hindernissen stecken bleiben und uns nicht im geistigen Nebel verlieren, benötigen wir eine Haltung, die uns ermöglicht, standfest zu sein und den eingeschlagenen Weg vertrauensvoll weiterzugehen.

SICHTWEISE

Zusätzlich zur Standfestigkeit sind wir auf eine Sichtweise angewiesen, die weit und offen wie der Himmel ist, in der alles, alle Gedanken, Gefühle und Wahrnehmungen, Platz hat und alles sein darf. Diese Sichtweise ermöglicht uns, alles aus Distanz und in aller Ruhe zu betrachten, und das, was wir tagein, tagaus erleben, anzunehmen und zu würdigen. Statt einzugreifen, festzuhalten oder abzusichern, halten wir uns ans Staunen und bezeugen das, was ist und was in uns und um uns herum geschieht. Losgelöst und innerlich ungebunden, hat das Bewusstsein Platz und Raum. Es kann sich frei bewegen und ungehindert ausdehnen. Es verursacht keine grundlegenden Störungen und keine Spannungen und, was ganz entscheiden ist, es wendet sich nicht gegen uns. Wenn wir uns daran gewöhnen, zu staunen, und wir das Staunen in den Alltag nehmen, geben wir dem Bewusstsein Raum. Wir lernen dieses immer besser kennen und können uns mit seinem Inhalt vertraut machen. Dabei sind wir nicht etwa gleichgültig oder unbeteiligt, überhaupt nicht. Wir nehmen Anteil und sind berührt, ohne dabei festzuhalten und uns zu verstricken. Mit dem Staunen und der Offenheit, die ganz natürlich folgen, beginnt die Energie des Herzens mehr und mehr zu fließen. Von der inneren Quelle getragen, fällt es uns leicht, Störungen und Schwierigkeiten aufzulösen, Sorgen und Dramen hinter uns zu lassen und Muster und Konzepte aufzugeben. Die neue Lebensweise verinnerlichend, erkennen wir immer deutlicher, wo im Leben wir stehen und was unsere wahre Heimat ist.

Gelassen sein, weise leben

Wenn wir staunen, sind wir gelassen und heiter. Wir leben in der Gegenwart und freuen uns an dem, was ist und was wir in der Welt vorfinden. Das Leben ist einfach und leicht und das Dasein voll und reich. Wenn wir staunen, sind wir offen und weit. Wir halten weder fest noch kämpfen wir gegen das Leben an. Wir haben einen freien Kopf und sehen klar. Der denkende Geist ist nichts weiter als ein Werkzeug, welches wir benützen, um zu planen, zu organisieren und Dinge in die Wege zu leiten. Wenn wir staunen, können wir mit dem, was wir erfahren und der Alltag mit sich bringt, gut umgehen. Die Aufgaben und Herausforderungen, denen wir begegnen, bewältigen wir geschickt, ohne uns zu verstricken, zu verlieren oder zu verausgaben. Wenn wir staunen, hat das Bewusstsein Raum und Platz. Es kann sich frei bewegen und ungehindert ausdehnen. Da wir es annehmen und würdigen, entstehen weder grundlegende Störungen noch Spannungen, die uns verunsichern und das Leben schwermachen. Wenn wir staunen, ruhen wir in uns und die innere Quelle, das Herz, ist unser Zuhause. Wir fühlen uns glücklich und erfüllt und erfahren Stille und Frieden.

Die Gelassenheit und Klarheit, die als Folge der neuen Lebensweise ganz natürlich entstehen, ermöglichen uns, achtsam zu sein und weise zu handeln. Die Energien, welche früher vom denkenden Geist absorbiert und von den nicht enden wollenden Ängsten und Dramen verschlungen wurden, stehen uns nun zur Verfügung. Wir können sie für den Alltag nutzen und so einsetzen, dass unser Geschick im Umgang mit den dunklen und hellen Seiten des Lebens immer besser, die Grundlage immer stabiler, das Vertrauen in uns selber immer tiefer und die Energie des Herzens immer stärker werden.

Mit der wachsenden Gelassenheit und Klarheit nehmen auch der Respekt und die Demut dem Wunder Leben gegenüber zu. Im Wissen darum, dass wir alle aufeinander angewiesen und mit allem verbunden sind, ist es uns ein großes Anliegen, weder uns selber noch anderen Menschen zu schaden und für die Umwelt zu sorgen. Berührt durch das, was wir erfahren und in uns entdeckt haben, ist es uns wichtig, den Frieden, den wir in uns spüren, und das Licht, das in unserem Herzen leuchtet, in die Welt hinauszusenden und auf diese Weise zum Wohle aller beizutragen.

Übung:

Setze dich auf einen Stuhl oder mache es dir auf einer festen Unterlage bequem. Danach atme einige Male ein und aus und entspanne, wie an anderer Stelle beschrieben. Wenn du offen und weit bist und Ruhe in dir eingekehrt ist, rufe dir das oben Beschriebene nochmals in Erinnerung. Überlege, wie du dieses mitnehmen und im Alltag umsetzen kannst. Gehe spielerisch vor. Sei innovativ und kreativ. Versuche es immer wieder. Versuche es auf alle möglichen Arten, bis du mit diesem vertraut geworden bist und es verinnerlicht hast. Du kannst zum Beispiel damit beginnen, dass du täglich einen Spaziergang machst und dich dabei an das oben Beschriebene erinnerst. Viel Erfolg und viel Glück wünsche ich.

8.

DAS WESENTLICHE IN KÜRZE

„Deine Aufgabe ist es, zu sein –
und nicht dies oder jenes zu sein."
RAMANA MAHARASHI

- Sei standfest wie ein Berg.
- Sei offen und weit wie der Himmel.
- Das Leben ist Bewusstsein.
- Bewusstsein ist Energie und darf nicht gestört werden.
- Unterlasse es, das Leben zu beengen oder einzusperren.
- Beziehe dich auf die innere Quelle, das Herz.
- Betrachte alles mit staunenden Augen.
- Nimm das Staunen in den Alltag mit.
- Wenn du staunst, ruhst du in dir.
- Wenn du staunst, bis du gelassen und lebst weise.

LITERATURVERZEICHNIS

~

De Saint-Exubéry, Antoine: *Der kleine Prinz*. München: dtv, 2015.

Chödrön, Pema: *Wenn alles zusammenbricht*. Hamburg: Hoffmann Campe Verlag, 1998.

Gendün Rinpoche: *Der große Pfau*. Zürich: Theseus Verlag, 1993.

Gibran, Kalil. Der Prophet. Zürich: Diogenes Verlag 2010.

Maharashi, Ramana: *Gespräche des Weisen vom Berge Arunachala*. München: Lotos Verlag, 2010.

Maharashi, Ramana: *Die essenziellen Lehren*. Bielefeld: J. Kamphausen Verlag, 2006.

Maharaj, Nisragadatta: *Weisheiten von Nisragadatta Maharaj*. Bielefeld: J. Kamphausen Verlag, 2004

S. H. Dalai Lama: *Der Weg zum Glück*. Freiburg: Herder Verlag, 2004.

DANKSAGUNG

~

Mein Dankeschön geht an all die vielen Menschen, die mir geholfen haben zu erkennen, dass das Herz und nicht der Kopf mein wahres Zuhause ist. Ich möchte mich auch bei Martin Frischknecht bedanken. Mit beherztem Engagement hat er das Manuskript durchgelesen und mir wertvolle Anregungen und hilfreiche Tipps gegeben. Und nicht zuletzt geht mein Dank an den Verlag Via Nova für die Unterstützung und fruchtbare Zusammenarbeit.

Weitere Bücher aus dem Verlag Via Nova:

Herzensqualitäten
Vom Machen zum Sein
Hanspeter Ruch

Paperback, 136 Seiten, ISBN 978-3-86616-339-3

Rast- und Ruhelosigkeit scheinen die Wesens-
merkmale unserer Zeit zu sein. Dieses Buch ist
ein leidenschaftliches Plädoyer für einen neue Le-
bensausrichtung, die wieder zurück in die eigene
Mitte führt, in das Herzstück unseres Seins und
unsere Herzensqualitäten entfaltet. Dann tritt ein
umfassender Wandel ein. Der Stress lässt nach
und das Aktivitäten-Karussell hört auf, sich zu drehen, der Kopf wird frei,
Ruhe und innerer Friede kehren ein. Wir sehen klar und erkennen, dass das
Herz unsere Heimat ist. Ein aufrüttelndes Praxisbuch mit vielen Inspirati-
onen und Anleitungen, wie wir zu unserer inneren Quelle finden.

Freier Kopf – offenes Herz
Im Fluss der Lebensenergie Klarheit,
Freude und Frieden erfahren
Hanspeter Ruch

Paperback, 112 Seiten, ISBN 978-3-86616-265-5

Erst wenn es uns gelingt, aus dem stetigen
Kreislauf der Gedanken auszusteigen, können
wir Ruhe und Klarheit, Freude und Stille finden.
Dieses Buch ermutigt uns, einen neuen Weg ein-
zuschlagen, um den Kopf frei zu machen und das
Herz zu öffnen. So finden wir zurück zu unserer
wahren Bestimmung, unserem wirklichen inneren
Zuhause, und unsere Lebensenergien können sich
wieder frei entfalten. Mit inspirierenden Denkanstößen und Betrachtungen,
anregenden Fallgeschichten und leicht umsetzbaren Übungen zeigt uns
dieses Buch, wie wir das Diktat des „vollen Kopfes" mehr und mehr beenden
können, um die wertvollen Qualitäten des „offenen Herzens" im Alltag zu
leben.

Burnout: Aus der Erschöpfung in die Kraft
Hanspeter Ruch

Taschenbuch, 160 Seiten,
ISBN 978-3-86616-178-8

2. Auflage

Burnout ist primär ein energetisches Problem, das sich schleichend ent – wickelt. Ursachen sind Stress, chronische Überlastung, Mangel an Erholung und an Ausgeglichenheit. Um ein Burnout zu bewältigen, muss man sein Leben neu ausrichten. Anhand von Fallbeispielen und Übungen wird aufgezeigt, wie Betroffene mit der Krise umgehen können. Eine Checkliste der Burnout-Anzeichen dient als Orientierungshilfe. Der Antistress-Lebensplan hilft, bei Kräften zu bleiben, den Alltag besser zu bewältigen und auf seine Gesundheit zu achten.

In der Fülle leben
**Tore zur Erfahrung
des großen Mysteriums
Hanspeter Ruch**

Hardcover, 144 Seiten, ISBN 978-3-86616-085-9

In diesem Buch gibt der Autor, Psychologe und Psychotherapeut wertvolle Anregungen, wie wir das Bewusstsein erforschen und uns für das große Mysterium, das Sein, öffnen können. In einführenden Texten zeigt er die Zusammenhänge zwischen der Funktionsweise des denkenden Geistes und des Ich auf. Wenn wir positive Qualitäten wie Achtsamkeit, innere Kraft, Vertrauen, Mitgefühl und Offenheit fördern, können wir loslassen und innerlich Raum gewinnen. Der denkende Geist, der bisher im Zentrum stand und unser Fühlen, Denken und Handeln geprägt hat, verliert an Macht und Einfluss. Wenn wir uns auf die innere Quelle, unser Sein, beziehen und uns von dessen Weisheit leiten lassen, erfährt unser Dasein einen tiefgreifenden Wandel. Alltägliche Erfahrungen können wir nutzen, uns selber zu erkennen, uns anzunehmen und mit dem Leben Freundschaft zu schließen. Dieses zentrale Anliegen des Autors, der selbst als Psychologe mit eigener Praxis Meditationsgruppen und Fortbildungskurse leitet, wird in diesem Buch deutlich und eindringlich dargelegt.

Das Wasser des Lebens
Zen – Weisheit in den Märchen
Ermin Döll

Paperback, 144 Seiten mit 10 farbigen Bildern,
ISBN 978-3-86616-388-1

Ermin Döll zeigt uns in diesem wundervoll gestalteten „Schatzbuch der Lebensweisheit", wie wir unsere altbekannten Märchen ganz neu lesen und erfahren können. Zugleich gelingt es dem Autor, im westlichen Leser Verständnis für die Spiritualität des Zen zu wecken. Die bunte Welt der Geschichten wird zu einem lebendigen Abbild unserer eigenen inneren Reise. Das tiefe Wissen über Zen, Meditation und Selbstentwicklung spiegelt sich wieder in der faszinierenden Weise, wie der Autor die Märchen neu zu interpretieren vermag. Denn ob Märchen oder „reale Welt" – wir sind alle auf der Suche nach Glück und Erfüllung, nach Heilung und Ganzwerden. Die zeitlose Weisheit der Märchen kann uns den Weg zur eigenen inneren Quelle offenbaren und für den Alltag Hilfe und Orientierung sein! Die farbigen Bilder der Künstlerin Martini Rieser-De Veen verstärken die Wirkung.

Die Kunst der heiteren Gelassenheit
Urs-Beat Fringeli

Taschenbuch, 176 Seiten, ISBN 978-3-86616-381-2

*„Ändern wir, was wir ändern können,
lassen wir los, was wir nicht ändern können!"*

Kennen Sie auch diese tiefe Sehnsucht, endlich innerlich zur Ruhe zu kommen? In diesen äußerlich bewegten, unsicheren Zeiten ist dies gar nicht so leicht - und doch möglich! Das beweist dieses Buch: Es lehrt uns Gelassenheit und zeigt, wie wir diese so kostbaren Eigenschaften einüben und ganz real in unseren Alltag integrieren können. Zeitlose spirituelle Weisheiten und mitunter wundervoll einfache und praktische Anregungen geleiten uns geduldig auf den Weg zu mehr innerem Frieden. Lassen Sie sich von den Einsichten und Erkenntnissen dieses Buches führen, gewinnen Sie neue wertvolle Perspektiven für Ihr Leben und erfahren Sie so einen einzigartigen inneren Reichtum: das Glück der heiteren Gelassenheit!

Raus aus der Angst – rein ins Leben
Endlich frei, leicht und selbstbestimmt
Thomas Hartl

Paperback, 176 Seiten, ISBN 978-3-86616-379-9

Mal ganz ehrlich: Läuft Ihr Leben so, wie Sie es sich erträumt haben? Machen Sie wirklich Ihr Ding? Sind Leichtigkeit und Lebensfreude die bestimmenden Größen in Ihrem Alltag? Falls Sie bei diesen Fragen ins „Stottern" geraten, dann wird es vielleicht Zeit für eine Bestandsaufnahme und für Veränderung. Dies ist nicht immer leicht, aber möglich, das zeigt dieses inspirierende Buch. Schritt für Schritt bahnt es mit beflügelnden und lebenspraktischen Anregungen den Weg vom Wunschdenken in eine neu erfahrbare Alltagsrealität, hin zu Ihren wahren Bedürfnissen, Potentialen und Talenten, hin zu mehr Freiheit, Mut, Freude und Lebensglück. Ganz ohne Stress, dafür voller Sympathie für das Menschliche. Ein Buch wie ein bester Freund!

In der Stille wieder leben lernen
Die Übung des Schweigens in einer lauten Welt
Max Lang

Taschenbuch, 192 Seiten, 16 Bilder,
ISBN 978-3-86616-213-6

Max Lang hat ein neues und tiefgründiges Buch über die Bedeutung der Stille geschrieben. Ausgehend von der Befindlichkeit der Menschen und den Lebensformen, die sich in der heutigen Zeit daraus ergeben, weist er auf den Weg der Stille hin, auf dem sich neue Einstellungen erschließen und andere Verhaltensweisen als bisher möglich werden. Aber die Stille ist nicht nur Weg, sondern auch Ziel, da sie den Grund und Ausgangspunkt für ein erfülltes und glückendes Dasein bildet. Damit Stille diesen Ansprüchen gerecht werden kann, muss sie geübt werden. Hierfür enthält dieses Buch entsprechende Anregungen und Übungsvorschläge.